丁 萍 乔海波 ◎ 主 编

喜迎十九大
青春建新功

——山东青年政治学院政治与公共管理学院
2017年度社会实践成果汇编

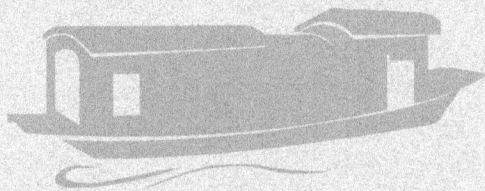

九 州 出 版 社
JIUZHOUPRESS

图书在版编目（CIP）数据

喜迎十九大 青春建新功：山东青年政治学院政治
与公共管理学院 2017 年度社会实践成果汇编／丁萍，乔
海波主编 . -- 北京：九州出版社，2020. 8
ISBN 978-7-5108-9491-6

Ⅰ. ①喜…　Ⅱ. ①丁… ②乔…　Ⅲ. ①大学生-社会
实践-成果-汇编-济南-2017　Ⅳ. ①G642. 45

中国版本图书馆 CIP 数据核字（2020）第 165456 号

喜迎十九大 青春建新功：
山东青年政治学院政治与公共管理学院 2017 年度社会实践成果汇编

作　　者　丁　萍　乔海波　主编
出版发行　九州出版社
地　　址　北京市西城区阜外大街甲 35 号（100037）
发行电话　（010）68992190/3/5/6
网　　址　www. jiuzhoupress. com
电子信箱　jiuzhou@ jiuzhoupress. com
印　　刷　北京九州迅驰传媒文化有限公司
开　　本　787 毫米×1092 毫米　16 开
印　　张　10. 25
字　　数　190 千字
版　　次　2020 年 8 月第 1 版
印　　次　2020 年 8 月第 1 次印刷
书　　号　ISBN 978-7-5108-9491-6
定　　价　52. 00 元

序言（一）

开展社会实践活动是贯彻党的教育方针的重要措施，是加强和改进高校思想政治教育的重要途径，是应用型人才培养的重要手段。其体现实践育人的教育理念，有助于大学生了解社会、认识国情、增长才干、锻炼毅力、奉献自我、学以致用，对于坚定正确的理想信念、增强历史使命感和社会责任感具有重要意义，是大学生成长为社会主义事业的合格建设者和可靠接班人的重要一课。

山东青年政治学院历来高度重视社会实践在大学生成长成才中的重要作用。近年来，我校大学生积极响应党和国家号召，踊跃参加社会实践和志愿服务，不仅为经济社会发展做出了贡献，自身也在基层的实践锻炼中健康成长，所展现出的对理想信念的坚定追求，对历史使命的积极回应，对时代责任的勇于担当，赢得了社会各界的高度赞扬和肯定。

山东青年政治学院政治与公共管理学院依托山东省高水平应用型培育建设专业——社会工作专业群，按照"知行合一"的原则，紧密结合学生所学专业，实行课程体系、第二课堂体系与自我教育体系的有机统一，将专业社会实践作为三位一体人才培养体系的重要环节，强调学生自我成长与交互成长，以项目化运作的方式，采用专业教师全程指导、学生自发组建实践团队的方式，实施了一系列内容充实、切合实际的专业社会实践项目。学院特别制定了相应的管理与激励政策，鼓励学生项目化进行专业社会实践，并对形成的成果按照学术论文标准进行查重、审读，对优秀成果积极推荐发表，参加"挑战杯""模拟政协提案大赛"等竞赛活动，推动学生专业社会实践成果的转化应用，打造了社会实践的全链条工作体系。

从"受教育"角度来说，本书将项目化专业社会实践取得的成果集结成册，旨在引导广大青年学生以更加专业的视角积极投身社会实践，同时充分发挥实践活动在加强和改进大学生思想政治教育中的积极作用，将思政小课堂与社会大课堂相结合，让思想政治教育"活"的教科书成为青年大学生在"拔苗育穗期"的铸魂之基；从"长才干"视角来讲，本书是从学生所学专业出发，围绕养老产业发展、留守儿童权益维护、优秀历史文化传承、精准扶贫举措、城市社区治理等社会问题开展的实践调研，有利于引导学生在实践中验证所学理论、促进认知的螺旋式上升，形成知识链条闭环，学思践悟、知行合一；从"做贡献"方面来看，本丛书的出版将对大学生社会实践活动专业化、精准化，实践项目成果化、社会化起到很好的示范作用，在引导青年读透"有字之书"，掌握专业知识、丰富知识储备的同时，又搭建了青年体悟"无字之书"的平台，对于青年学生运用理论指导实践、通过实践悟得真知起到了很好的帮助作用。

相信这套实践成果的出版，不仅对学校下一步继续深化专业社会实践活动的组织实施，而且对其他高校学生社会实践活动的开展都具有较好的借鉴和指导意义。

山东青年政治学院党委书记 鹿 林

2020 年 1 月

序言（二）

20世纪80年代初，团中央首次号召全国大学生在暑期开展"三下乡"社会实践活动。1996年12月，中央宣传部、国家科委、农业部、文化部等十部委联合下发《关于开展文化科技卫生"三下乡"活动的通知》。1997年，"三下乡"活动在全国正式开展，随后逐步在各高校展开，时至今日已成为各大高校锻炼学生社会实践能力的一种重要的常规性活动，也是考核学生综合素质的重要指标。

2004年，中共中央国务院《关于进一步加强和改进大学生思想政治教育的意见》（中发〔2004〕16号）发布；2005年，团中央、教育部制定了《关于进一步加强和改进大学生社会实践的意见》（中青联发〔2005〕3号），文件第四条提出：文化、科技、卫生'三下乡'和科教、文体、法律、卫生'四进社区'活动，是新形势下大学生参加社会实践的有效载体。要广泛发动大学生利用寒暑假等时间开展'三下乡'和'四进社区'活动。高校要更加主动地与地方沟通，进一步明确实践服务的内容，根据需求选派相关专业的大学生组成团队，为群众办实事、做好事、解难事。"

山东青年政治学院历来高度重视学生的全面发展，支持鼓励各类学生实习实践活动。政治与公共管理学院依托山东省高水平应用型培育建设专业——社会工作专业群，多年来遵守"以学生为本""知行合一"的教育原则，突出专业特色打造，注重发挥青年院校的政治优势，坚持政治方向行政规律、运用社会工作理念方法、借鉴公共事业管理手段，把学生社会实践作为培养"立场坚定、基础扎实、能力突出、素质全面"的社区治理人才的重要抓手。

学院确立了"紧密结合所学专业，有效衔接一二课堂，任课教师全程指导，实践成果转化应用"的工作原则。在学生所学的"社会调查"

"社会研究方法训练""社会统计软件应用"等课程中将社会实践作为课程考核的重要组成部分，专门设置"认知实习"环节，由专业课任课教师担任实践项目指导教师，组织开展社会实践项目申报答辩，对获批立项的项目进行资金支持和全过程指导，实践活动结束后对形成的成果按照学术论文标准进行查重、审读，对优秀成果积极推荐发表，参加"挑战杯""模拟政协提案大赛"等竞赛活动，推动学生实践成果转化应用。打造社会实践的全链条工作体系。

本书汇编了山东青年政治学院政治与公共管理学院2017年的12篇学生寒暑假社会实践报告，结合学生所学的社会工作、政治学与行政学、公共事业管理、法律事务等专业，围绕养老产业发展、留守儿童权益维护、优秀历史文化传承、精准扶贫举措、城市社区治理等问题开展调查研究，针对存在的突出问题进行数据分析，尝试提出对策建议。一定程度上代表了学院社会实践专业化、项目化的工作水平，以期对高校开展实践活动提供一定的启发、借鉴和参考。

本书由山东青年政治学院政治与公共管理学院院长王玉香任编委会主任，由山东青年政治学院党校副校长于其欣，山东青年政治学院政治与公共管理学院党总支书记丁萍任编委会副主任，政治与公共管理学院副院长张剑，政治与公共管理学院副院长卢鹏程任主编。感谢各位编者的大力支持，感谢为本书编辑成册做出努力的单位和个人！

由于编者水平有限，编辑时间仓促，本书可能会有疏漏不周之处，敬请广大高校同仁及读者批评指正。

编委会

2020 年 1 月

目录 Contents

制度堕距视域下村务公开与精准扶贫的困境、关系与出路——以济南市柳埠镇柏树崖村为例

团队负责人：杜其君　　　　　　　　　　　　　　　指导教师：张岩

团队成员：石彬

一、项目目的

　　制度堕距标识制度的应然和实然状态之间的差距。村务公开与精准扶贫的耦合互动关系状态下，制度堕距反映精准扶贫的政策设计与实际操作状态之间的差距，据此考量我国精准扶贫的实施情况，继而推导出当前我国精准扶贫所面临的靶向困境，即制度执行与制度目标之间的错位差。在此基础上，缩小精准扶贫的制度堕距必然需要发挥村务公开在基层治理中的催化剂作用，弥补精准扶贫实施过程中的公开性和民主性的缺失，推动精准扶贫按照既定设计，走向扶贫实效提升的路径。本项目以制度堕距的视角，透过分析精准识别、扶持、考核与村务公开程序、内容、机制之间的耦合机理，探究二者的内在互动关系。在此基础上提出的村务公开助推精准扶贫的路径，对于缩减精准扶贫的制度堕距，提升扶贫实效方面具有现实意义。

　　在理论层面，从制度堕距的视角探讨村务公开与精准扶贫，是相关政策分析的创新研究。能够增强目前理论界关于这一问题研究的薄弱环节，增强研究的串联性，提高学术的整体性，丰富相关研究的理论视角，创新研究方法，丰富相关理论，为深入探讨相关问题提供资料借鉴和理论基础。

　　在实践层面，通过对制度堕距视角下的村务公开与精准扶贫，进行理论探讨和实证研究，推动发挥村务公开的作用，提高精准扶贫的实施效果，从而辅助各级政府完善相关政策，扭转目前我国精准扶贫实施所存在的被动局面，深入推进村务公开的有效实施，加强基层治理，推动国家治理能力和治理体系现代化，助力"两个一百年"奋斗目标的顺利完成。

二、项目内容

《中共中央、国务院关于打赢脱贫攻坚战的决定》这一纲要性指导文件下发以来，中央和地方针对打赢扶贫攻坚战出台了许多重要的政策和举措。习近平总书记多次强调扶贫开发要"贵在精准、重在精准，成败之举在于精准"。在精准扶贫中，本课题组认为应该注重发挥村务公开的优势，发挥村务公开的催化剂作用，使村务公开成为精准扶贫的有力抓手，从而助推精准扶贫目标的圆满完成。同时，精准扶贫的单位是村，村务公开又是村委会工作的一项重要内容。因此，精准扶贫的有效实施也是对村务公开的有力反馈，精准扶贫与村务公开二者在机制层面上存在内在的互动关系。

首先，对制度堕距、精准扶贫和村务公开研究进行理论梳理，深刻理解制度堕距的核心内涵，探究精准扶贫与村务公开在实际操作过程中的联系，为后续的研究奠定理论基础。村务公开与精准扶贫作为基层治理的表现形式，客观上具有内在的耦合机理。因此，深入理解当前精准扶贫的困境是探究如何发挥村务公开的优势，弥补精准扶贫的短板的关键。

其次，对精准扶贫面临的困境进行分析。我国人口基数大，地域差异明显，贫困人口广布。精准扶贫战略受地理、历史等因素的影响，在扶贫对象的识别、扶持政策的落实以及扶贫效果的反馈等方面，面临着诸多困境。例如扶贫对象的有效识别存在误差、农村经济持续增长的制约因素、扶贫攻坚参与性不强、主体作用发挥不够、缓解脱贫摘帽后政策削减带来的返贫担忧情绪以及一些干部中固有的"路径依赖"导致粗放扶贫等。

再次，在多元化的基层治理下，村务公开是保障村民"自我管理、自我服务、自我教育"的一项基本制度，也是化解农村干部与群众之间的矛盾、减少农村发生"群体性事件"的有效制度形式。对于增强基层群众性组织的"公信力"，维护基层稳定和构建社会主义和谐社会具有重要作用。1987 年中央颁布《村委会组织法（试行）》以来，我国村务公开在内容、程序、方式等方面开始走向规范化，在国家政策宣传和实施过程中发挥着重要的作用；在新农村建设进程中，村务公开对于破除传统思想，实现农村经济与政治的协调发展，推进基层民主建设发挥着重要影响。因此，通过村务公开进行精准扶贫相关问题的处理，可以极大提高精准扶贫的实施效率。

最后，结合个案研究，对比国家相关政策，描述村务公开与精准扶贫在现实政策背景下的实然状态，总结村务公开在精准扶贫过程中的效果。在理性思考的基础上，通过村务公开提高精准识别精度、增强政策扶持强度、提高扶贫成效力度等方面提出相关建议，从而为政府相关政策的调整，提高扶贫的实际效果，增进人民福祉等方面提供参考。

三、项目方法

（一）文献研究法

查阅相关文献，利用各种渠道，分专题的广泛查阅相关理论资料，深刻解读中央文件及政策，概括制度堕距、村务公开和精准扶贫的内涵、特征及研究现状等，深入探讨村务公开与精准扶贫之间的潜在关系。

（二）实证研究法

通过对济南市柳埠镇柏树崖村的精准扶贫和村务公开发展现状进行实地调研，研究当地二者的实施情况并进行效果评估，在此基础上提出相关建议。

（三）比较研究法

通过比照中央及地方政策的要求和济南市柳埠镇柏树崖村的实施情况，归纳其中存在的问题并进行原因分析，在此基础上提出相关建议。

四、项目结果

制度堕距标识制度的应然和实然状态之间的差距。通过对制度堕距、精准扶贫、村务公开进行理论梳理后发现，制度堕距是一种被广泛应用于现实政策性问题研究的理论，相关研究相对较为丰富，是一种较为成熟的问题分析理论。现在学术界开始尝试从多个角度进行分析精准扶贫，但多停留在扶贫主体行为逻辑与作用机制、大数据、协商、工作机制、经济学、扶贫立法、政治哲学基础理论等方面，实证研究较少，这不利于更加直接地从实践的角度分析并解决精准扶贫的相关问题。村务公开在实践中被证明是一项符合我国实际、保障人民主体地位，提高改革发展成果，提高农民的受益度，提升我国整体发展水平的良性制度，在推进新农村建设中发挥着重要作用。因此，从制度堕距的视角探讨村务公开如何规避精准扶贫的潜在困境是理论与现实的创新。

通过分析精准识别、扶持、考核与村务公开程序、内容、机制之间的耦合机理，发现了精准扶贫与村务公开之间的内在耦合互动关系。二者聚焦于基层治理，客观上存在内在的耦合机理。村务公开与精准扶贫的实施都依靠村委会主持进行，且实施对象都是村民，其功能与方式是存在交叉的。同时二者都属于基层治理系统下的子系统。村务公开主要包括村务公开程序、内容、机制三个方面，精准扶贫主要包括精准识别、扶持、考核三个方面。因此从纵向和横向两个方面考量，二者都存在耦合机理。

基于制度堕距考量在我国精准扶贫的实施情况，推导出当前我国精准扶贫所面临的靶向困境。研究发现，基于制度堕距的视角考察精准扶贫，是直接与精准扶贫的具体执行机制相联系。精准扶贫作为一个完整的制度系统，其执行机制包括精准识别、精准扶持、精准考核三个子系统，由此构成一个回环制度系统。通过将这三者的制度要求和现实执行情况进行比较，可以发现当前精准扶贫具有精准识别的指向偏离、精准扶持的模式偏离、精准考核的目标偏离三个方面的困境。

在此基础上提出村务公开助推精准扶贫的路径。研究认为，通过制度堕距的视角，可以从精准识别、精准扶持、精准考核的回环系统出发，根据精准扶贫与村务公开的耦合关系引出两者双圆关系系统，进而从村务公开程序、公开内容、公开机制三个方面探寻解决精准扶贫靶向困境的路径。具体而言，按照严格的公开程序，增强识别精度、扩充公开内容、推动扶贫举措的聚合，建立弹性评估机制三个大的方面从而推动精准扶贫按照既定设计走向扶贫实效提升的路径。

五、项目分析

（一）精准扶贫的制度堕距分析及靶向困境

1. 制度堕距的内涵

制度的当然状态是指制度的文本或要义。制度以实然状态标示着制度的执行情况，制度的应然状态暗示着制度的改进目标。一般而言，这三种状态是分离的。如果按照增进社会福利的标准，往往是应然状态优于当然状态，而当然状态优于实然状态。制度的三种状态之间必然存在差距，即制度堕距。制度堕距又可分为两类，即上向堕距和下向堕距。上向堕距是制度的应然状态和实然状态之间的差距，下向堕距是制度的当然状态和实然状态之间的差距。制度堕距反映了制度的制定、实施和现实集成目标之间的相互联系，三者完全匹配时，制度堕距为零。当然，这种状态只存在于理论层面，现实中的制度堕距只能无限缩减，不可能为零。

2. 精准扶贫的制度堕距

2013年11月习近平总书记在湖南湘西考察时，首次提出了精准扶贫政策的目标。2014年1月，中共中央、国务院办公厅印发了《关于创新机制扎实推进农村扶贫开发工作的意见》，明确要求深化改革，创新扶贫开发工作机制。并从改进贫困县考核机制、建立精准扶贫工作机制、健全干部驻村帮扶机制等六个方面对精准扶贫体制机制建设做出要求。详细规制了精准扶贫工作模式的顶层设计，推动了"精准扶贫"思想落地。随后，一系列精准扶贫对象、精准项目安排、精准资金使用、精准措施到户、精准因村派人、精准脱贫成效的扶贫制度与举措相继出台。根据制度堕距的含义，精准扶贫的制度堕距指精准扶贫政策、规定与其在现实操作层面之间的差距。制度堕距的本质决定了制度堕距必然存在于制度执行层面，但如果从这一层面回顾精准扶贫，制度堕距的扩大效应必然会影响扶贫实效。当制度设计与实然状态之间的边际出现扩大趋势时，实际的执行可能会偏离制度设计的应然方向。

3. 制度堕距视域下精准扶贫的靶向困境

（1）精准识别的指向偏离

精准识别是精准扶贫的基础，通过甄选为精准扶贫提供目标导向。实施精准扶贫的基础就是立足于农村低收入人口的建档立卡，精准识别帮扶对象，以动态管理的形式管理经济薄弱村和低收入人口，使帮扶对象更具真实性、准确性，保障精准扶贫的顺利实施。但在实际操作过程中，会因政策理解和执行的偏颇带来精准识别的指向偏离。从政策解读来看，精准识别主要依托于村民委员会。村委会依据本村经济发展水平衡量村民的家庭收入、开支负担等经济因素，在横向对比下，选择本村经济水平最低的一定比例的村民家庭作为贫困户。在贫困户精准识别过程中，扶贫人员经常反映认定贫困的标准不好把握，缺乏易于比较的量化指标，遴选甄别贫困户有困难。由于缺乏刚性标准，农民收入渠道多且难以核算，导致贫困户的识别有标准却不能用标准去评测。因此，在绝大多数情况下，这一过程更多地依靠定性的方法进行。首先，影响致贫的因子很多，各户之间存在较大差异，使得难以找到统一的标准进行量化。其次，限于村干部的文化水平和乡村社会人情、伦理关系带来的隐形规则，即使通过普遍量化的方法进行识别，也难以克服主观等因素带来的结果偏差。在现实操作中，精准识别的执行主体依然是村委会，但基于以上等原因，精准识别更多依靠的还是村干部的臆断标准。以济南市柳埠镇柏树崖村为例，通过对村干部的访谈，笔者得知，精准扶贫实施之前，村内贫困户的识别主要依靠村干部自己对所掌握的信息评判村内各家庭的经济状况，在综合对比下确定贫困户。对村民的访谈（如表1）发现，非贫困户和贫困户在对精准扶贫的了解度方面分别呈现出3类和2类的分布特征。非贫困户中，有部分群体了解精准扶贫，多数群体了解一些甚至完全不了解；贫困户基本都知道第一书记，但仍有部分群体不是十分了解精准扶贫的具体内容。同时，所有受访村民都认为贫困户就是村干部们自己开会定出来的。这种村民对精准扶贫的较低了解度也从侧面反映了村干部凭借主观标准进行的精准识别导致识别的民主性缺失。村民在识别过程中的主体地位受到冲击，是精准识别指向偏离的动因之一。

表 1：村民对精准扶贫的了解

对精准扶贫的了解	清楚村内扶贫情况	知道第一书记	贫困户由村干部确定	听说过一些	完全不清楚
受访群体 1	√	√	√	—	—
受访群体 2	—	√	√	√	—
受访群体 3	—	—	√	—	√
受访群体 4（贫困户）	√	√	√	√	—
受访群体 5（贫困户）	—	√	√	—	—

注："√"表示该群体对该趋向呈现认同

"—"表示该群体不对该趋向呈现认同

因此不可否认的是，这种简化方法所得出的结果运用了第三者评价的方法，其得出的结果具有一定的合理成分。但致贫原因的多维性决定了识别变量的广泛性，因此它并不能做到真正合理。除此之外，村干部确定出贫困户之后也就意味着精准识别过程的完结，识别结果一般只经过村委会和党支部的讨论，很少征求村民意见，这就形成了实际与政策之间的偏差。这种偏差使得目标在应然与实然之间因制度执行的单一而造成合理性缺失，由此带来识别结果的指向偏离。

（2）精准扶持的模式偏离

精准扶贫之前，我国扶贫采用"大水漫灌"式扶贫。扶贫单位一般为县或乡镇，扶贫方式较为简单，最直接的是财政转移支付，有的地方甚至采取直接发放扶贫资金的方式。扶贫资金对于贫困地区的覆盖，在部分地区助长了贫困人口"等、靠、要"的依赖思想，甚至导致部分贫困人口因此不愿摘掉贫困帽子。这种负面影响在很大程度上反而加大了贫困治理难度，造成"年年扶贫年年贫"的扶贫怪象。精准扶贫瞄准到户，采用"精准到点，以点带面"的扶贫方式，转"漫灌"为"滴灌"，这是精准扶贫在模式上与以往扶贫的最大差别。但精准识别的基本单位虽然是户，但是它们之间不是孤立的。贫困户构成的基本集合是村，进而为乡镇，以此类推。这种层级关系有利于扶贫资源更好地发挥"支点"作用，但也由此带来了现实操作中扶贫统筹关系的下移。首先，村委会聚焦于贫困户的脱贫摘帽，往往忽视了贫困户之间的整体协调。其次，扶贫政策的最基本落实单位是村，乡镇的着眼点也是村，但各村之间的联动效应在扶贫中表现得并不突出。通过对柏树崖村村干部的访谈，村干部对不同层级扶贫情况的了解度，如图1：

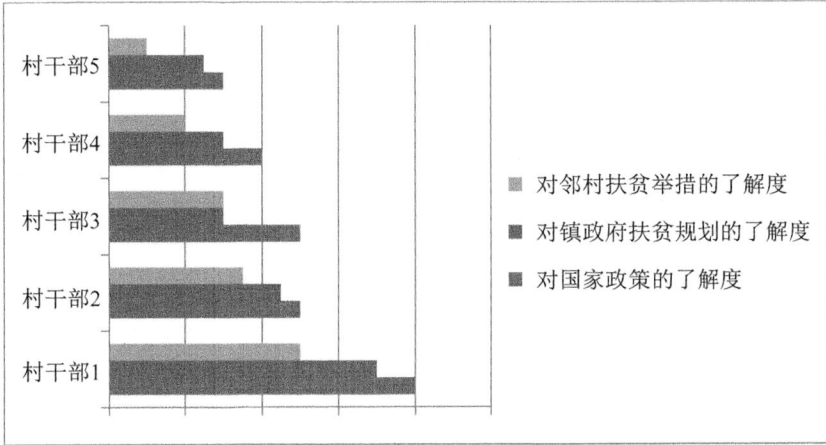

图1　村干部对不同层级扶贫情况的了解度

可以看出，受访的五位村干部对国家扶贫政策、镇政府扶贫规划、邻村扶贫举措均呈现出递减的趋势。扶贫方式的选择不是盲目、孤立的，而是出于关联考虑。精准扶贫作为一种理念、一种战略，强调的是着眼于全局的精准，注重区域发展的产业关联、政策互补，关注各种扶贫方式之间的有效衔接。精准扶贫是一项系统工程，然而在现阶段的扶贫中，重点着眼于纵向的关系处理和能动性发挥，忽视了横向的联动效应。纵向的扶贫关系致使扶贫资源的分散，碎片化的扶持模式并不适应于"以点带面"的框架，它并不能实现各要素之和大于整体的效果，同时难以实现地域扶贫成效的集聚提升。由此可见，地方的碎片化扶持与精准扶贫中的整体化要求并不适应，由此带来精准扶持的模式偏离。

（3）精准考核的目标偏离

精准扶贫的整体目标是到2020年完成脱贫。各地也制定了相应的规划，建立了配套的脱贫机制。从制度层面讲，精准扶贫的考核目标在于检验当前扶贫制度的实施效果，找到影响制度设计和执行出现偏差的因子并予以调整。从中央和地方的关系来看，精准扶贫推动事权的下移和监督权的上移，因此精准考核的方向应当是自下而上的。与之相悖离的是，扶贫目标更多是沿着自上而下的方向进行的，这就使得目标的制定可能脱离于地方实际。在一个区域内，各地的原有经济基础、自然资源等都存在差异，"一刀切"的目标制定方法显然不合理。延伸至考核来说，非基于地域实际而制定目标下的考核存在着科学性的缺位，考核结果也就不具有代表性，并且会影响到下一阶段依据考核结果而制定的新的目标，由此形成一个循环怪圈。这是就方式而言。内容上，精准考核不仅包括对当地脱贫任务与指标的考核，还包括对相关体制机制的考核，但归根结底还是对扶贫责任人的考核。在一些贫困村，下派的干部是贫困村的主导力量，驻村干部或工作队的在场对贫困村的治理结构会形成潜在的影响，包括村务公开、资源分配等。以村为单位，"第一书记"在精准扶贫中扮演"专职"角色，考核多数为上级主管部门、乡镇负责机关、村委会和党员，较少有贫困户和一般村民参与，考核的主体和参与范围被大大缩小，造成考核民主性与科学性的削减。因此，从方式与内容两方面来说，精准考核在实际操作当中并未完全依据地域差异而修订考核标准和扩大考核参与范围，由此造成精准考核的目标偏离。

（二）村务公开与精准扶贫的耦合机理

1. 精准识别——村务公开程序的耦合

精准识别处于资料收集阶段，要获得真实有效的数据，必然要直接面对数据主体，同时还要尽可能地摒弃主观因素的干扰。精准扶贫要求"真扶贫"和"扶真贫"，就必须要把握好入口关。村务公开是村民了解村内事务，保证村民知情权、参与权、监督权，进行村民自治的前提和基础。要扩大村民的知情权和参与度，村务公开是基本途径。理论上，公开程序应根据村民关注的热点问题"点题公开"，将每期公开的内容及征求意见表存档归案。因此，精准识别公开的基本程序是：由村委会提出的贫困户的识别标准、方法、结果等，需要进行公开的事项及公开方案，由村务监督小组对其进行审核，确认无误后交由村支部和村委会进行联席会议讨论，无异议后由村委会通过公开栏、广播等形式进行公开，并报基层政府备案。由此可见，村务公开的最先起点在村委会，这与精准识别中发挥村干部的主导作用是相一致的。而扩大识别参与面最简单的方式就是发挥村务公开的固有程序作用，实现识别的合理性与合法性的统一。据柏树崖村第一书记介绍，在新一轮的贫困户识别过程中，村委会组织了村民代表会议对两委讨论的名单进行了意见征求，并面向全体村民进行了公示。如此，到村委会表达"意见"的村民数较之以往要少得多，为后期扶贫工作的开展奠定了良好的环境和心理基础。

2. 精准扶持——村务公开内容的耦合

按照《村委会组织法》和中央的有关规定，村务公开涵盖的内容较为全面，主要包括集体财务收支明细、村内集体土地和其他集体财产的承包和使用情况、村内扶贫资金的使用情况等。精准扶持是具体的扶贫政策的落实环节，包括扶贫资金的使用、扶贫项目的策划及开展扶贫成效的反馈等。通过内容上的对比,精准扶持的各个环节与村务公开的范畴存在着交叉,这就已然形成了两者的耦合关系。同时,精准扶持是一个长期的过程,且处在一个动态的变化过程中。将村务以公开栏的形式向村民公布并不是一项政策任务的终止,接受村民的反馈才是它的重要目的之一。为了保证扶持的透明性和公正性,应当发挥村务公开内容的广泛性来推动扶持政策的落实,促进村民对其的理解,减少政策实施的阻力。此外,诸多地区目前已经开始实现由资金扶贫到产业扶贫的过渡。在这一长期过程中,尤其在产业扶贫环节,不仅有贫困户的参与,非贫困户也是产业发展的重要支撑,此时的扶持内容也进而转向全体村民,为了集中村民推动产业发展,其主体内容自然指向村务公开。因此,推动村务公开也成为精准扶持本身的需要。

3. 精准考核——村务公开机制的耦合

村务公开机制主要包括公开的内容机制、执行机制、程序机制、监督机制和反馈机制。五大机制的逻辑关系呈现阶梯和回环的特征,共同构成村务公开机制的整体架构。与五大机制相对应的村民权利依次表现为知情权、管理权、参与权、监督权、受益保障权。制度化和规范化的村务公开就中国农民影响政府政策来说,是一种非常可靠和有效的办法,精准考核是对精准扶贫整个过程的回顾与总结,其本身也是扶贫系统的一个模块。从内容上看,贫困户的识别、确定,扶贫政策的落实、调整及扶贫效果的反馈都同村委会日常工作模式与内容相交互,而关乎村内发展和村民切身利益的事项也都属于村务公开的范畴。从主体上看,显然两者本身就是基本重合的。"第一书记"虽不属于村务会常任领导班子,却承担着扶贫责任人的角色;从影响上看,村务公开保障了村民的主体地位,提供村民参与民主管理的直接途径,精准考核涵盖了扶贫的整个过程,前期影响扶贫效果的公开性、民主性等因子也自然归属其中。因此,精准考核与村务公开机制具有本质和形式上的耦合。

六、结论与建议

制度堕距下,精准扶贫实施的指向、模式和目标的偏离是精准扶贫实施的现实困境。由于村务公开程序、内容、机制与精准识别、扶持、考核之间存在着耦合关系,就可以从三者的关系出发,可以找到精准扶贫困境与村务公开优势之间的契合点,从而得出村务公开助推精准扶贫的路径。

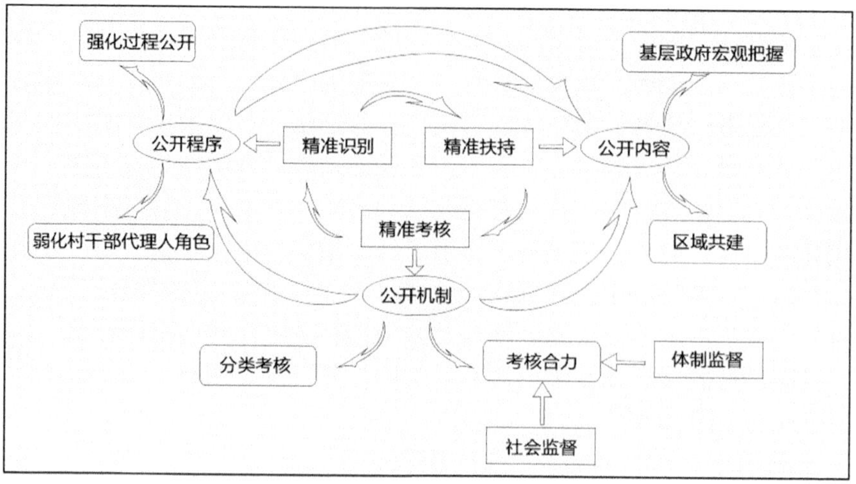

图 2　精准扶贫困境的出路框架

如图 2，从精准识别、精准扶持、精准考核的回环系统出发，根据精准扶贫与村务公开的耦合关系引出两者双圆关系系统，进而从村务公开程序、公开内容、公开机制三个方面探寻解决精准扶贫靶向困境的路径。

（一）严格公开程序，增强识别精度

强化扶贫过程公开。精准扶贫的各个环节都与村民直接发生对应关系，村民参与扶贫全过程是精准扶贫的应有之意。村民对村民自治过程表示出了不同程度的热情或冷漠，需要切实保障村民的民主权利，转变村民自治的推进策略。要发挥村民的扶贫主体作用，就必然完善村民参与的途径。村民致贫的相对性、多维性和识别的主观性、分散性是影响识别精度的重要因素。因此，要发挥村务公开直接面向村民进行信息公示的有效作用，将识别全过程纳入公开程序之中，扩大村民参与扶贫的渠道面。建立精准识别的政策要求，村民的横向经济状况比较量表和识别结果的综合识别体系，并将每一个环节与村务公开相对应，面向全体村民进行公示，做好意见反馈处理，构建村务公开推动精准识别程序标准化、透明化的有效方式。

弱化村干部的代理人角色。精准识别的指向偏离与村干部进行精准识别的思维定式和主观模式紧密相关。精准识别过程中国家直接面向村民，弱化了各级地方政府的代理人角色，但并未摆脱扶贫资源传递到中层阶级的间接存在而导致的扶贫效率丢失的问题。虽然传递层级减少，使得这一角色从政府过渡到村委会，资源相对集中，但效能分散的弊病依然存在。因此，要弱化村干部在村务公开中的代理人角色，增强村民在其中的主体作用。尤其在产业扶贫中，村干部要"放权"于村民，逐渐形成从"村委主导—村民参与"向"村民主导—村委保障"的扶贫模式转变，将扶贫实效放还给村民，增强村民的扶贫获得感、效能感，提升扶贫实效。

(二) 扩充公开内容，推动扶贫举措的聚合

加强基层政府的宏观把握。以单个贫困户或贫困村为单位的扶贫模式增加了扶贫成本，集聚效应难以发挥。村务公开的单位为村，在耦合机理下，二者同样难以在自身单位内发生聚合作用。虽然村务公开属于村民自治的范畴，基层政府不能予以干预，但可以发挥政府的统筹作用，整合各村村务公开的流程、方式等，统一完善本区域的村务公开栏，提供公开栏的栏目设置和内容更新的建议，在村务公开设施建设、维护和媒介更新等方面给予一定的资金支持和技术指导，推动各村结合不同实际在村务公开中发掘潜在的联合机理并给予再造，结合各村优势，增强扶贫的规模效应。

推动区域联动共建。精准扶贫更加明确了扶贫区域的规模范围，从"一刀切"转为"定点定向"。从整体的角度分析，作为一项系统工程，精准扶贫并不是简单的条块分割，各组成要素之间必然存在趋同或相似的规律以实现相互间的联系，这种规律是潜在的。因此，推动区域共建是整合扶贫举措最直接的途径。在具体扶贫分工中，各扶贫主体必须实现准确定位，各司其职，既不越位，也不缺位；其次，各扶贫主体在扶贫工作开展过程中，既要实现精准搭配和有效配合，又要与贫困对象实现内外联动。要加强各村之间尤其是相邻村之间的联动，通过资源联合、产业同促等形式实现村与村之间的有机整合，由此以点带面，削减单一扶贫模式孤立的弊端，提高扶贫产业的综合竞争力和扶贫辐射力，延长扶贫产业的获利链条，推动精准扶贫举措的聚合。同时，需要明确的是，这种聚合并不是规模越大越好，聚合力的形成源自区域扶贫现状的仿似和对扶贫举措的适应程度。

(三) 建立弹性评估机制

建立分类考核机制。精准考核主要包括对驻村干部工作过程和扶贫成效两个方面，二者是相互统一的。与精准识别一样，考核标准应当来自村民实际经济状况的改善程度，因此考核的主要发言权应当归属于村民。但限于村民的文化水平较低等因素，应当建立以公开、多维为基础的考核机制，将村民、村干部等都纳入考核主体范围，丰富考核变量，提高村民考核所占比例。针对不同地区影响因子的差异，制定动态考核标准，坚持着眼整体，客观评价，强化过

程考核，以村务公开为监督手段，逐步形成个人绩效、扶贫成效与制度考核相统一的考核体系，增强考核的灵活性。

增强考核"合力"。精准考核分为政府机构考核和第三方考核。后者是指社会专业考核机构、公众和舆论等对扶贫责任主体进行的外部考核。两类主体面临不同的约束条件，具有不同的利益目标。政府考核的实施主体一般为县级扶贫主管部门和"第一书记"原在单位，但两者的考核有所区分。扶贫主管部门考核的是扶贫实效，而"第一书记"是扶贫责任人，但两者之间不存在刚性的管辖机制。"第一书记"原在单位的考核是在并不完全熟悉服务村的具体情况下进行的，对"第一书记"扶贫成效的考核难免具有片面性。因此，要建立"第一书记"业务主管部门和人事主管部门协同考核机制，通过分散标准来增强考核"合力"，提升对考核的监督性。在这一过程中，要充分发挥村务公开的保障功能，保证村民的"第三人"地位，既发挥考核主体作用，又扮演监督角色。

村务公开的实践至今已积累了大量推动基层治理的有益经验，在本轮扶贫过程中，对于解决精准扶贫所面临的靶向困境同样发挥着重要作用。以村务公开的优势来解决精准扶贫所面临的问题，也是进一步建立基层治理长效关系的具体体现，直接标示了基层民主建设主体的广泛性、参与的直接性和形式的多样性的特征。

参考文献

［1］范履冰．郭春雨．行政问责制对地方政府经济行为的影响——制度堕距的视角［J］．西南政法大学学报．2007.10：99-103

［2］王欣．关于实施精准扶贫的思考［J］．农业经济．2016.6：62—63

［3］王鑫．李俊杰．精准扶贫：内涵、挑战及其实现路径——基于湖北武陵山片区的调查［J］．中南民族大学学报（人文社会科学版）．2016.9：74—77

［4］祝慧．莫光辉．精准扶贫的阶段性成效与创新突破［J］．经济纵横．2016.7：53—57

［5］郑瑞强．精准扶贫的政策内蕴、关键问题与政策走向［J］．内蒙古社会科学（汉文版）．2016.5：1—5

［6］王晓毅．精准扶贫与驻村帮扶［J］．国家行政学院学报．2016.3：56-62

［7］许远旺．选举后的村务管理：从"村官主政"到民众参与式治理——湖北永安村务公开与民主管理实践的调查与思考［J］．理论与改

革.2007.1

　　[8] 何平.宋静.村务公开和民主管理的困境与出路探析 [J].湖北行政学院学报.2008.6

　　[9] 董江爱.上官酒瑞.村务公开与村落政治权力中心的转移 [J].社会主义研究.2005.6.

　　[10] 李德芳.王章佩.村民视野中的村民自治——海南省第四届村委会选举后的一项调查分析 [J].社会主义研究.2007.6：128—130

　　[11] 庄天慧.杨帆.曾维忠.精准扶贫内涵及其与精准脱贫的辩证关系探析 [J].内蒙古社会科学 (汉文版).2016.5：6—12

　　[12] 吴雄周.丁建军.精准扶贫：单维瞄准向多维瞄准的嬗变——兼析湘西州十八洞村扶贫调查 [J].湖南社会科学.2015.6：162—166

文化视野下民族认同的代际差异调研
——以宜宾市联合苗族乡革新村为例

团队负责人：郭昭湖　　　　　　　　　　　　　指导教师：张岩
团队成员：鲁鹏、戴婷婷、王瑞、王钰

一、引言

长期以来，我们国家的党和政府高度重视少数民族的文化权利，尊重少数民族的民族文化和保护少数民族的文化，并颁布了相应的法律、法规和采取具体措施加以支持。随着市场经济发展，全球化与现代化的影响下，少数民族文化面临着解构与重构。在少数民族聚居地区，由于汉民族与少数民族共同生活在同一片区域，文化之间相互影响。在偏远的少数民族聚居区，少数民族对本民族的文化认同影响着当地的发展。

少数民族对自己民族文化的认同是构成对本民族认同的最为重要的因素。民族认同是近年来国内外理论界研究较为活跃的话题，在多元化社会和民族问题日趋复杂的今天，其研究不仅具有重要学术探讨价值，也具有重大政治现实意义。本研究是从文化视野的角度探讨民族认同的代际差异，是相关民族认同的创新研究，通过对文化视野下民族认同的代际差异进行理论探讨和实证研究。对了解文化与民族认同的代际差异的关系，分析其现状、存在的问题以及导致问题的原因，提出相关建议和对策，更好地发挥文化在民族认同中的作用，推动文化在社会治理中的作用，推动民族认同向国家认同的联结，从而促进对多民族国家的认同，自觉维护国家的统一，民族关系的团结与和谐，民族聚居地区的发展与繁荣，对推动国家治理能力和治理体系现代化与"两个一百年"目标的顺利完成有着积极作用。

二、关键概念辨析

(一) 民族认同

民族认同（有时也称为族群认同）是民族发展进程中的一种客观现象，这一概念最早出现于 18 世纪启蒙运动时期。马林诺夫斯基认为，"认同"的含义在民族研究领域内衍生出了"民族认同"的概念。之后的学者们不断地为民族认同的概念做界定，吉·菲尼在艾里克森认同发展理论概念化的基础上提出了一个民族认同发展模型。他认为民族认同是一个动态的、多维的、涉及人的自我概念的复杂结构，包括个体对群体的归属感、积极评价以及个体对群体的文化兴趣和实际行为的参与情况等。国内的王建民认为民族认同是指一个民族的成员相互之间包含着情感和态度的一种特殊认知，是将他人和自我认知为同一民族成员的认识。王希恩指出，民族认同即是社会成员对自己民族归属的认知和感情依附。本文研究的民族认同主要指少数民族在文化方面的认同。

(二) 代际差异

文化视野下民族认同的代际差异。人们对"代际"一词一般有三种解释：一是从纵向的历史角度来考察不同年代也即不同时代的人口；二是家庭内部的代际，即个人在家庭中所处的"代际"位置；三是每个人在一生中所经历的不同年龄段，如青年、中年和老年。徐征和齐明珠提出，在现代化过程当中，时代和社会条件的快速发展以及代与代之间的关系变得复杂而产生代际差异。这种代际差异表现在大致相同的年龄和拥有类似社会成长环境的不同代际，在思想意识、价值观念和行为选择方面出现的差异和隔阂，当这种差异、隔阂明朗化、表面化时，就会产生代际冲突。代际差异与冲突实质上反映了社会结构、社会生活变化的速度和程度。

本文中的代际差异是指不同代际的苗族群体在本民族文化认同上的差异，这种差异主要是不同而又不含冲突之义。本研究选择了三个群体，根据一般情况下的划分为：青年人为 15—35 岁是对应 1982—2002 年期间出生的；中年人为 36—60 岁是对应 1957—1981 年期间出生的；老年人为 61 岁以上是对应 1956 年及其以前出生的。

三、文献综述

国内外学者对民族认同问题有大量的研究，取得了丰硕的成果。国内外学者在文化与民族认同方面开展了大量的研究，认为文化对民族认同有着重要意义。

（一）文化同民族认同关系的研究

文化同民族认同关系的研究中，迈尔威利·斯图沃德指出民族认同是指某一民族共同体的成员将自己和他人认同为一个民族，并对这一民族的物质文化和精神文化持接近态度。庄锡昌指出民族认同有广义和狭义两重含义。广义的民族认同是指对某一主权民族国家的认同，即国家认同；狭义的民族认同是指一国内的各个民族对各自民族文化的认同，即族群认同。

（二）民族认同的文化影响因素的研究

本民族文化的影响。沙伦·麦克唐纳认为应建立自己的民族文化博物馆，通过具体的艺术品展示它们被排列的效果。博物馆的想法为新的思考方式和公共教化方式提供了借鉴。博物馆鼓励人们把自己想象和体验成情感化的民族国家的一个成员，让人们认识到自己与其他民族或种族的不同，并体验到他们自己的世界是一个相对可靠的世界，还有助于让人们思考自己与生俱来的界限明显的身份。栗志刚认为同一民族的文化认同是同一民族的成员共有的文化心理和文化归属感，它是民族认同的前提。

主流文化的影响。尼克·奈特指出，全球化是引起文化身份的认同方式转变的重大政变。因为全球文化的发展壮大日益侵蚀着地方和民族文化。黄采文和于爱华的调查显示，少数民族大学生在本民族文化与主流文化的影响下，加强了对主流文化的适应，也影响着自己对本民族文化的认同。

大众文化与大众传媒的影响。戴维·布兰登贝格尔认为，斯大林时期苏联通过大众文化创制了一个"russocentric"图像，并把本国的历史和 russocentric 图像促进了一个 esatist 的议程。意外的是俄罗斯出现了民族认同。韩震指出，大众文化和大众传媒对民族文化认同有着利弊两方面的影响，只要正确利用并合理引导，大众传媒所传播的大众文化有利于民族国家的巩固，应积极利用好大众传媒对民族认同的建构。

（三）民族认同与文化困境的研究

David Y. H. WU 指出，中国是当今世界上少有的对族群由政府下定义的国家之一。汉语中的任何一个族群（民族）或从英语里翻译过来的民族（nationality），无论是过去还是现在都必须有其自己的语言、地域、血统、传统以及共同的心理情感。林剑认为，民族文化的创新大致可分为文化表现形式的创新以及文化内容和文化精神的创新，推动社会文化创新的根本性动力来自社会发展的需要。人们的主观努力在推动民族文化创新中也发挥着重要作用，指导形成正确的历史观与文化观，树立科学的文化创新精神，提高对自己民族传统文化的科学认识与理性自觉，还需要有宽松的文化环境与良好的社会氛围。文化创新也离不开文化开放，开放是文化创新的条件之一。

（四）文化视野下的民族认同的代际差异的研究

Petre R. Gra 认为移民前出生到其他国家的孩子与移民后出生的孩子，对原有自己本民族的文化和迁入国的文化认同是不同的。由于出生在本民族国家，在自己本民族文化的影响下不能很好地融入当地的文化环境，而出生在迁入地的孩子能与周围的孩子更好地融入当地的环境。劳伦斯·爱普斯坦和彭文斌表示，揭示仪式对老年人而言似乎总是欢乐的，而青年人更喜欢调整仪式以适应他崭新的社会现实。

周文中指出，中华民族长期历史形成的民族心理在改革开放的冲击下，出现了极为显著的变化，这种变化表现出愈来愈快的趋势，这种变化又集中体现在民族代际的差异上。

四、研究区概况

以宜宾市联合苗族革新村为例，革新村处于川滇交界处，苗族和汉族混居，距县城有六十多公里，为山地地形，坡度较大，海拔在 900—1300 米之间，一年降水天气有两百多天，属亚热带气候。全村分为五个组，其中一组只有三户苗族人家，其余四组苗族的户数占多。耕地多为梯田，旱地多，水田少，耕作方式较为传统，机械化使用程度不高。种植作物多为水稻、马铃薯、番薯，辅之烟草、蔬菜、油料作物，依托山地的竹笋、蕨菜、茶叶、林业。养殖多为猪、牛等家禽，村民多为自给自足，与市场联系较少。

住房方面：没有形成典型寨子的模式。前些年多为瓦房，有着亲密的血缘关系的家人，房屋相隔很近，但又都是各自分开的。现在，多数盖起楼房，把外出务工所获得的收入与在家务农的收入大部分投入到建房上，楼房装修同城里的住房没有太大的差别，在修建和装饰房屋时，没有保留自己民族文化中特有的部分，房屋修建后，所储蓄的资金所剩无几。

饮食方面：与当地的汉族同胞无异。没有饮食方面的忌讳，以玉米为主食，女性也有大碗喝酒的习惯，特别是有客人时会用碗盛满酒再端给客人喝。

服饰方面：本民族有几种独特的服饰，华丽的服饰有本民族的刺绣以及独特的花纹，有象征意义的图腾。服装分为日常服饰和节日中的服饰。在日常的生活中，中年和老年妇女多穿日常服饰或一般服饰，青年女性多穿一般服饰；特殊节日时才会穿本民族的服饰。女性所穿的服饰反映着她是否已经结婚。男性日常则穿一般服饰，特殊节日时才会穿本民族的服饰。

传统节日方面：跳花山（也称踩花山）时间在除夕过后的正月初一至正月十五，这期间男女可以对唱山歌，为自己挑选中意的人。受汉族文化的影响，一般汉族的传统节日，他们也会遵守相同的礼节来庆祝。

民族语言方面：苗族同胞大都会说苗语。在婴儿出生后，父母会选择教苗语，在苗语沟通流利时，便会教汉语。在十多岁的时候，苗族同胞的苗语和汉语都说得非常流利了。在送入学堂的时候，他们所掌握的汉语与汉族的同龄孩子没有多大差别。在学校里教师教汉语，与汉族交流时用汉语，而与自己的苗族同胞交流时用苗语则会更显亲密。

受汉文化的影响，修建房屋或其他重要事情时，要看风水，选择吉日。墓前有碑文，修家谱。邻里之间互帮互助，民风比较淳朴。当地苗族同胞没有信仰的宗教，只是平时讲究一些忌讳，更多是为了寻求一个心理安慰。根据相关采访了解到，有几户苗族同胞仍保留着打猎的习惯，在农闲时期，会进入山里打猎。

教育方面：苗族的孩子都会到学校接受九年制义务教育，面临初中毕业时会受教育政策的影响，享受中考、高考加分的优惠，受经济贫困以及少数民族自己接受教育的程度较低、思想观念陈旧等影响，父母大都没有给孩子很好的教育指导与督促，没有提供必要的教育支持，所以读高中读大学仍需要很多的费用。为此他们的孩子可能被迫不读，选择外出打工，更多的孩子是在十五六岁以后感觉到学业吃力，要么选择外出务工，要么选择在家闲着。

五、研究方法

（一）文献收集法

文献资料法是本研究采用的研究方法之一。查阅与本研究中民族认同、文化与民族认同的关系、民族认同中的代际差异等直接相关的文献资料，其中包括民族政策方面的论著、文件、材料、文章及网络资源，全面把握涉及本研究的情况，充分借鉴前人的研究成果，形成自己的观点。

（二）田野调查法

田野调查法包括观察法、访谈法和问卷法，是在自然环境下综合运用这三种方法对所关注的问题进行研究的方法。了解人们社会生活的实际情况，收集重要资料，获得研究的第一手资料并验证有关假设。本研究采用个案访谈法，采访当地的苗族村委委员、退休的铁道老兵、退休教师、大学生。具体观察当地苗族同胞的日常生活并参加苗族同胞的节日。

（三）问卷调查法

问卷调查法具有方便、简洁、客观、样本大等优点，是民族认同研究领域中采用最多的一种方法。本研究参考 Phinney 和 Kwan 等人的民族认同量表，设计出文化视野下民族认同的代际差异的量表，并进行 Excel 和 SPSS 进行分析。

六、理论框架与研究设计

根据 Phinney 提出的民族认同有四个成分：民族自我认同、民族认同的实现、归属感和行为卷入。她又根据这四个成分编制了民族认同量表（Mut-group Ethnic identity Measure）。该量表能够测量出了民族认同的三个方面：归属感、态度和民族行为，并具有很好的信度和效度。根据 Kwan 等人的研究结果显示，民族认同分为内外两个部分，并包含认知、道德、情感、行为四个成分，其中内部民族认同包括认知、道德、情感三个成分，外在民族认同是指可以观察到的社会和文化行为。

本研究基于 Phinney 和 Kwan 的量表及其理论设计的量表分为四个维度，分别是认知维度、情感维度、态度维度、行为维度。认知维度：对传统饮食、传统服饰、民族的历史和历史传说、民族语言、民族的风俗习惯以及传统节日方面等内容的了解；情感维度：少数民族对本民族的归属感和依赖感，对自己民族的自豪感。具体指对自己民族文化的认同并对本民族有较强的依恋感和自豪感；态度维度：主要指对待自己本民族文化和成员上的态度。我对本民族成员平等的交往并愿意帮助他人，对于我的民族身份及其对我的影响有清晰的认识；行为维度：指民族成员参与本民族的文化事务以及在涉及本民族文化活动中所采取的行动。该量表具有很好的信度和效度，采用五点计分法为每一道题的计分，十分不符合 = 1，比较不符合 = 2，不确定 = 3，比较符合 = 4，十分符合 = 5。老年人、中年人、青年人为三个代际，采用随机抽样调查和深度访谈相结合的方法。

在研究调查中，亲自走访，采用随机抽样的方法，进行结构式访谈，自填式问卷，个别深度访谈相结合的方法。分别在该村的苗族聚居的 4 个组中，抽取 40 户人家，共调查 94 人。年龄在 61 岁及其以上的老年有 32 人，有效问卷有 30 份；年龄在 36—60 岁的中年为 34 人，有效问卷有 30 份；年龄在 15—35 岁的青年为 32 人，有效问卷有 31 份。

七、数据统计与描述

（一）数据统计

表1　不同代际的苗族同胞在本民族文化认同统计

维度	代际	N	M
认知	老年	30	4.79
	中年	30	4.75
	青年	31	3.95
情感	老年	30	4.81
	中年	30	4.64
	青年	31	4.14
态度	老年	30	4.77
	中年	30	4.38
	青年	31	3.89
行为	老年	30	4.63
	中年	30	4.48
	青年	31	3.93

表2　被试特征变量

代际	性别			文化程度						
	男	女	小计	不识字	识字	小学	初中	高中及中专	大学及以上	小计
老年	16	14	30	5	11	10	3	1	0	30
中年	15	15	30	3	6	12	6	3	0	30
青年	16	15	31	0	0	3	13	9	6	31

（二）调查结果描述

认知维度：老年人、中年人、青年人的平均分分别是（4.79　4.75　3.95）。情感维度：老年人、中年人、青年人的平均分分别是（4.81　4.64

4.14）。态度维度：老年人、中年人、青年人的平均分分比别是（4.77 4.38 3.89）。行为维度：老年人、中年人、青年人的平均分分别是（4.63 4.48 3.93）。通过平均分可以看出，老年人和中年人对本民族文化的认同度高，青年人对本民族的文化认同度低；性别对本民族文化认同的代际差异不是很明显；接受学校教育的程度是影响对本民族文化认同的重要因素，接受文化教育程度较高的对自己本民族文化认同的程度较低，接受文化教育程度较低的对自己本民族文化认同度较高。（表2）老年人和中年人对自己民族文化更有自信感到自豪感，掌握关于自己民族特殊技能的更多，熟知自己民族文化中独特的记忆更多；青年人则对自己民族的历史和历史传说不熟悉，语言开始生疏，参加本民族的文化活动时间较少，文化方面的自信心和自豪感不强。

民族认同的特性。青年人与中年人、老年人在本民族文化认同的差异显著；民族认同在特定文化场域中才会显现出来，当接触到的文化涉及领域与自己的经验、经历不同时，出现一些异质文化才会被触发；民族认同是一个长期稳定的过程，自己接触的文化环境、积累的本民族和其他民族的文化知识、经验，以此形成自己的判断，并作用于自己对本民族文化认同的认识，比较稳定地长期在自己的思维意识中存在，不会轻易改变。

八、原因分析

（一）客观原因

地理原因。当地地理闭塞，地理隔绝与文化隔绝是民族形成并保持传统的重要条件。老年人与中年人在以前，不管是时间还是空间都受到制约，与外界接触和交流较少，对民族文化的认同度高。而青年人与外界所接触的距离缩短，与外界的联系更多。

生产力的发展。老年人和中年生活条件与几十年前相比有很大的改善，喜欢与过去比，进行纵向比较多于横向比较。青年在接受更多的教育加之生活的年代与父辈祖辈不同，通过求学，外出与外界接触的机会更多，受汉文化的影响更多。

教育的影响。老年人和中年人接受的教育少，几十年前比较贫困，成套体系的教育接触少，对中华文化的熟悉度较低，受自己本民族文化的影响更多。而青年人一般接触了成套学习体系的教育，对中华文化的理解成为一个体系，对自己本民族文化的接触尚未形成一个完整的体系。因此对本民族文化认同度低。

生活经历的影响。民族文化之间相互影响下，当地苗族保留和传承的文化符号、文化载体减少，甚至难寻踪迹。因此青年受本民族文化的影响较小，对本民族文化的民族认同较低。受学校教学和在信息社会接触的信息更多，通过大众传媒了解到的外界信息更多，加之青年的生活环境与中年和老年的生活环境不同，生活条件更为优越，更多青年时在家庭里成长，自己接触本民族的社区缩小，成员之间面临的恶劣环境和困难减少，互帮互助的机会减少，共同构成民族认同的机会减少。

（二）主观原因

家庭中长者的观念以及所见所识的影响，长者的民族文化水平高并且觉得自己有传承的使命的，那么后代所接触和学习到的民族文化就会更多。家族和社区的影响，当家族和社区活动是要求更多地体现本民族的文化因子与符号时，使用民族文化的因子和符号更能增进彼此之间的距离，提高亲切感，促进对本民族文化的认知，增强本民族文化的自信。

受市场经济的影响，青年人要想更好地融入其他团体，一个很好的方法就是说其他民族的语言。随之，自己说苗语的时间减少，让自己的孩子说苗语的机会也相应减少，苗语更多地成为一种象征、符号。接受教育和外界影响后对自己的民族文化重新整合、塑造。汉文化与自己所拥有的民族文化碰撞激烈，如自己在民族文化的心理方面受挫，可能会减弱甚至放弃自己的民族文化，增强汉文化的学习。

九、民族认同的代际差异影响

民族认同的代际差异可能产生的三个方面的影响。

（一）对主流文化的认同

个体站在国家的层面对民族认同与主流文化认同的整合，让主流文化与本民族的文化相协调。

（二）积极认同

对自己的民族及文化感到自豪，与本民族成员之间的关系比较亲密，更愿意了解自己的民族文化，保留和传承自己民族的文化，维护文化的多样性。

（三）消极认同

消极的民族认同易产生失范感和社会孤立感。对本民族及其文化的一种负态度，往往表现为排斥本民族成员，与他们保持一段距离。当没有社会规范可以遵循时产生一种心理悬空感，抵触自己已有的本民族文化的记忆，不愿传承自己的民族文化。

十、对策与建议

当地苗族青年人对本民族文化认同程度较低，同时受到中华文化和当地苗族文化的双重影响，因此，应在文化交流融合中提高对本民族的文化认同，并实现中华文化与本民族文化的和谐。

在行动交往理论的指引下，发展民族旅游时保留自己独特的民族服饰、节日、舞蹈、礼节等民族文化成分，能明显区分与众不同的地方。以当地的民族风情和自然景观作为旅游的主打产业，吸引外界的好奇心，参与、理解少数民族的文化，加以外界的交流，进行文化保护和创新。通过新媒体传播本民族的民族风情，把自己民族独特的文化以文字和图片为载体，通过新闻媒体进行传播，与其他地区的苗族同胞加强交流，借鉴其他地区的文化，交流融合并进行创新，修建自己民族的博物馆，保留自己民族独特的艺术文化。与其他民族的文化进行交流，在本民族与其他民族、本民族文化与其他文化、本地与外界的沟通交流中发现问题，寻求共识，解决潜在的矛盾和问题，保持文化多样性。民族文化复兴的目的在于对少数民族文化意义的再认识，而不是对传统少数民族的文化体系进行任何意义上的复兴或是保存。传统文化经历了永恒的变化过程，它是对被内涵化的文化体系的再认识和重构。

国家通过多种政策保障当地少数民族的社会权利和法律，使各民族之间和谐交流，融合发展。我国农村贫困的根本原因：（1）制造的产品取代种养的产品，成为人类财富的主要源泉；（2）我国农民人数多，人均耕地面积少，农业不能发展为产业，甚至倒退回自然经济；（3）我国农民自由独立，不善合作，难以组织起来闯入非农业领域，甚至无力组织起社区劳动来改善自身社区的生活环境；（4）不肯合作的家庭小农正在被国内和国际的规模农业市场无情挤压和淘汰；（5）破败的农村在精神和文化上趋向衰落，很难组织起来从事改善生活的劳动。潘维指出，发挥农民的主体作用进行农村建设，包含政治、经济、文化、生态等，根据当地的人文地理，依托现有的各种资源，政府带头招商引资，发挥少数民族的精英联动作用，把少数民族组织起来，发展产业经济，开展文化活动，保护少数民族的文化资源，治理生态，改善生存环境。厚实的经济基础推动文化的发展，文化的积极作用促进其他方面的发展。

加强文化教育事业的发展。家庭教育、学校教育、社会教育三者相结合。苗族同胞的孩子在接受现代教育之前，接触的多为家庭教育，更多是涉及本民族的文化方面和做人的道德。在随着年龄的增长和接触的教育及其环境发生变化时，一般会面临本民族文化与主流文化的冲突，尽管在本民族文化中有大量的主流文化内涵，但仍可能会面临双重我是谁的思考与困惑，处理不好可能会否定自己本民族的文化，被动或主动地接受主流文化的影响。在进入社会中也同样面临这样的问题。那么我们应该把汉文化与地方民族文化的关系诠释和解释清楚，解决双重的我是谁的问题，在学生阶段就要解释清楚，并宣传、普及到位。

小　结

本研究采用问卷调查的方法，测量文化视野下民族认同的代际差异，调查结果显示，同当地苗族中年人和老年人相比，当地的苗族青年人对本民族的文化认同度较低，这是受多种因素共同作用的结果。因此对于青年人对本民族的民族认同应与对中华民族的文化认同相统一。

本次研究的问题与不足：调查时间短，社区观察和访谈还不很深入，样本容量较小，数据分析不够。未把当地苗族从事的职业、家庭收入、接触到的信息传播、与外界当地之外的环境接触等因素纳入其中。未向当地政府寻求提供一些相关数据进行参证、补充，这是下一步应做的工作。

还需改进的地方：对相关的观点和概念进一步推敲与论证，此外，本课题研究还有许多参考文献需要开掘和扩展，加强理论研究。我希望在以上各方面，都能得到大家的批评和指教。

参考文献

［1］［英］马林诺夫斯基．文化论［M］．费孝通译，华夏出版社 2002 年版．

［2］［英］安东尼·史密斯．民族主义：理论·意识形态·历史［M］．上海出版社 2011 年版．

［3］王建民．民族认同浅议［J］．中央民族学院学报，1991（02）：56—59．

［4］王希恩．民族认同与民族意识［J］．民族研究，1995（06）：17—21+92．［5］徐征，齐明珠．代际关系的影响因素及如何建立正向的代际关系［J］．人口经济，2003 年第 3 期．

［6］成伟，陈婷婷．代际差异与冲突分析［J］．长白学刊，2009 年第 6期．

［7］［美］迈尔威利·斯图沃德．当代西方宗教哲学［M］．周伟驰等，译，北京出版社，2001．

［8］庄锡昌．多维视野中的文化理论［M］．浙江人民出版社，1987．

［9］沙伦·麦克唐纳，尹庆红．博物馆：民族、后民族和跨文化认同［J］．马克思主义美学研究，2010，13（2）．

［10］栗志刚．文化认同的精神内涵［J］．世界民族，2010（2）1—5．

［11］尼克·奈特．对全球化悖论的反思：中国寻求新的文化认同［J］．当代世界与社会主义，2007（1）94—100．

［12］黄采文，于爱华．少数民族大学生的文化适应于民族认同——以云南民族大学为例［J］．楚雄师范学院学报，2009，24（7）：47—57．

［13］David Y. H. WU．中国少数民族文化变迁与民族认同［J］．贵州民族研究，1996，（3）．

［14］林剑．论民族文化的创新［J］．江海学刊，（2015）（6）41—46．

［15］PRGrant. Sustaining a Strong Cultural and National Identity：The Acculturation of Immigrants and Second-generation Canadians of Asian and African Descent［J］. Journal of internation Migration & intergrtion，2007，8（1）89．

［16］劳伦斯·爱普斯坦，彭文斌．仪式，种族和代际身份认同［J］．民间文化论坛，2012（6）95-106．

［17］周文．佤族心理认同的代际差异研究［M］．云南人民出版社，2017．

［18］潘维．信仰人民［M］．中国人民大学出版社［M］．2016．

实践提纲

调查研究具体流程
2017 年

7.11—7.16，查阅文献，对相关文献资料进行分类、整理，置购相关书籍，进一步明确课题研究内容、研究方法、研究思路。形成文献综述。

7.17—7.20，在文献查阅的基础上结合本项目的实际情况，设计调查问卷。

7.21—7.25，修改问卷经老师提出修改建议，进行试调查，再次修改，完善问卷。印制问卷。

7.26—8.05，开展社会调查，对个别被调查者深度访谈结合，对问卷调查进行收集整理和对访谈内容进行收集整理。

8.06—8.13，试用 EXCEL、SPSS 软件对调查数据进行统计分析，并对调查所得的相关信息进行分类、整理、归纳，得出研究性成果。

8.14—8.28，根据问卷及访谈结果撰写调查报告，进行修改。

8.29—9.03，总结调查研究中的经验。

实地调研具体流程

7.26—8.05，开展社会调查，对个别被调查者深度访谈结合，对问卷调查进行收集整理和对访谈内容进行收集整理。每日具体行动：

（1）7.26，与当地的村支书进行相关的深度访谈，村委会成员中的苗族委员进行相关的深度访谈，请他们提供相关的参考意见和建议，并提供相应的支持。寻找当地一位与苗族同胞比较亲密的村民带我们更好地融入调查采访中。

（2）7.27，到集市上采购 50 条毛巾，每条 5 元。为调查时参加被调查的一份礼品，并寻访卖苗族服饰的商人，进行相关的访谈。

（3）7.28，对本村的 2 组相关的苗族人家中相关人员进行结构式访谈和相关的深度访谈。随机采访 11 户人家，实际为 10 户人家，共 25 人，9 位老年，9 位中年，7 位青年。分发 13 条毛巾。

（4）7.29，对本村的 1 组相关的苗族人家中相关人员进行结构式访谈和相关的深度访谈。随机采访 11 户人家，实际为 9 户人家，共 22 人，7 位老年，8 位中年，7 位青年。分发 11 条毛巾。

（5）7.29，对本村的 4 组相关的苗族人家中相关人员进行结构式访谈和相关的深度访谈。规划随机采访 9 户人家，实际为 8 户人家，共 21 人，6 位老年，8 位中年，7 位青年。分发 11 条毛巾。

（6）7.30，对本村的 5 组相关的苗族人家中相关人员进行结构式访谈和相关的深度访谈。规划随机采访 9 户人家，实际为 9 户人家，共 24 人，8 位老年，7 位中年，9 位青年。分发 10 条毛巾。

（7）7.31—8.01，采访未被调查的 4 户人家，共 7 人，2 位老年，3 位中年，2 位青年。分发 5 条毛巾。

（8）8.02—8.04，对收集到的资料进行整理分类。

（9）8.05，再与村支书和村委委员中的苗族成员进交流。

文化视野下民族认同代际差异调查问卷

尊敬的调查对象：

　　您好！我们是山东青年政治学院"文化视野下民族认同代际差异"调研项目的调查人员，为进一步了解少数民族对本民族文化认同在代际方面的差异的现状，推动少数民族的自身文化建设，同时让国家相关政策更好地衔接，提供一些有意义的参考，特展开本次调查。希望您能积极参与、配合，并保证认真填写问卷，保证调查获得最真实、客观的数据。

　　衷心感谢您的大力支持与参与！祝你身体健康，学业有成，工作顺利。

山东青年政治学院

问卷填写说明：

　　1. 本调查采用匿名填写，对您的个人信息，我们将严格保密，所有信息只用于统计分析；

　　2. 无特殊说明属于选择的问题只有一个合适的选项，您只要在合适的选项上打"√"即可。填空式的问题和其他选项的问题，您直接填写在横线上即可；

　　1. 您的性别：_____

　　2. 您的年龄：_____

　　3. 文化程度

不识字　识字　小学　初中　高中及中专　大学以上

本民族的文化

认知维度

1. 我熟悉自己民族的传统饮食？

十分不符合　　　比较不符合　　　不确定　　　比较符合　　　十分符合

2. 我熟悉自己民族的传统服饰？

十分不符合　　　比较不符合　　　不确定　　　比较符合　　　十分符合

3. 我熟悉自己民族的历史和历史传说？

十分不符合　　　比较不符合　　　不确定　　　比较符合　　　十分符合

4. 我熟悉自己民族的民族语言?

十分不符合　　比较不符合　　不确定　　比较符合　　十分符合

5. 我熟悉自己民族的风俗习惯?

十分不符合　　比较不符合　　不确定　　比较符合　　十分符合

6. 我熟悉自己民族的传统节日?

十分不符合　　比较不符合　　不确定　　比较符合　　十分符合。

情感维度

7. 我感觉我的民族文化很好?

十分不符合　　比较不符合　　不确定　　比较符合　　十分符合

8. 我对我的民族有较强的依念感?

十分不符合　　比较不符合　　不确定　　比较符合　　十分符合

9. 我对我的民族有强烈的自豪感?

十分不符合　　比较不符合　　不确定　　比较符合　　十分符合

10. 我希望自己属于其他的民族?

十分不符合　　比较不符合　　不确定　　比较符合　　十分符合

态度维度

11. 我对自己民族文化感到自豪?

十分不符合　　比较不符合　　不确定　　比较符合　　十分符合

12. 我对自己民族成员平等交往和愿意帮助他人?

十分不符合　　比较不符合　　不确定　　比较符合　　十分符合

13. 对于我的民族身份以及他对我的影响,有一个清晰的认识?（交往、婚姻、工作、生活地域等)

十分不符合　　比较不符合　　不确定　　比较符合　　十分符合

行为维度

14. 我会参加我的民族文化活动,例如特殊的饮食、音乐、习俗、宗教活动?

十分不符合　　比较不符合　　不确定　　比较符合　　十分符合

15. 在那些大多数是由本民族同胞参加的传承文化体活动中,我是积极主动的?

十分不符合　　比较不符合　　不确定　　比较符合　　十分符合

16. 我愿意与其他民族谈论我自己的民族文化?

十分不符合　　比较不符合　　不确定　　比较符合　　十分符合

17. 我会尽量恪守本民族文化中的禁忌?

十分不符合　　比较不符合　　不确定　　比较符合　　十分符合

18. 我已经用了很多时间去了解本民族的文化？

十分不符合　　　比较不符合　　　不确定　　　比较符合　　　十分符合

导致以上的这些原因有哪些？

我们的调查结束了，再次向您表达感谢！祝你身体健康，学业有成，工作顺利。

"沃野青青" 育苗计划——农村儿童暑期服务

团队负责人：李帅　　　　　　　　　　　　　指导教师：王玉香

团队成员：陈文祥、赵聪喆、王雅楠、王晓玮、张琼丹、汤佳楠、王鑫、
赵振宁、王力瑶、房子琪

一、项目目的

在国家关注农村儿童发展的大背景下，利用社会工作学生的专业优势，通过开展多元化形式的儿童兴趣课堂与社会工作的专业小组，提高农村儿童暑期生活的安全意识，丰富农村儿童的暑期生活，使之养成一个良好的学习习惯，同时，拓宽农村儿童的视野，挖掘农村儿童的潜能，并在此基础上培养农村儿童的自立能力、合作意识与精神。

二、项目内容

(一) 项目背景

据了解，相对于农村留守儿童因缺少亲情陪伴而被普遍关注的情况，农村一般儿童所得到的社会关注较少，这部分儿童虽然拥有亲情陪伴成长，但是由于父母的知识水平相对较低以及儿童所接触的教育资源有限，同样无法得到较好的家庭教育，农村儿童同样需要引起我们的关注。暑期是农村儿童监管缺失的一段时期，身为当代大学生的我们有责任尽己之力为农村儿童的教育出一份力。

(二) 项目意义

1. 理论意义

在社会工作相关理论的指导下开展本项目，在丰富农村儿童暑期生活的同

时，丰富有关儿童社会工作、农村社会工作等方面的理论，为理论的后续发展提供实务支撑。

2. 现实意义

通过本项目的开展可以弥补农村儿童暑期监管方面的不足，加强农村儿童与父母之间的互动，促进亲子之间的交流与合作，并增进社区内居民之间的联系，提高社区内的凝聚力。同时，通过本项目的开展还可以增强大学生的社会实践能力，拓宽大学生的视野，使参与实践的大学生更加了解农村儿童，为今后社工学生开展介入农村儿童的服务提供了可参考路径。

（三）具体目标

1. 在辅导农村儿童完成暑期作业的同时，引导农村儿童养成良好的学习习惯；

2. 以多元化的形式教授当地农村儿童兴趣课程，拓宽当地农村儿童视野，使当地农村儿童了解更多学校课堂之外的知识，如法律、本地地理知识等，使当地农村儿童掌握基本的技能，如跆拳道、舞蹈等；

3. 以暑期的一系列活动为纽带，增强当地农村儿童与儿童之间的交流、互动与合作能力；

4. 通过本次专业实践活动，增进大学生对农村儿童的进一步了解，有利于今后对专业课程的学习及对农村儿童相关的服务项目的设计，同时，丰富大学生的实务经历，提升大学生的实践能力。

（四）理论依据

1. 社会学习理论

社会学习理论着眼于观察学习和自我调节在引发人的行为中的作用，重视人的行为和环境的相互作用。社会学习理论试图通过学习机制来解释人们社会行为的形成和变化，社会学习理论吸收了行为主义理论学派的主要理论假设，认为先前的学习对现在的行为有决定性作用。其中观察学习理论是班杜拉社会学习理论中的重要组成部分，它指的是个体通过对他人行为与结果的观察，获得新的行为反应模式，或对已有的行为模式加以修正。观察学习理论强调观察学习在人的行为获得中的作用，认为人的多数行为是通过观察别人的行为和行为的结果而学得的，依靠观察学习可以迅速掌握大量的行为模式。观察学习理论还重视榜样的作用，人的行为可以通过观察学习过程获得，但是获得什么样的行为以及行为的表现如何，则有赖于榜样的作用。榜样是否具有魅力、是否拥有奖赏、榜样行为的复杂程度、榜样行为的结果和榜样与观察者的人际关系都将影响观察者的行为表现。

在暑期服务中，要重视榜样的作用，强调个人对行为的自我调节。本团队成员要以身作则，注意自身的行为规范，为农村儿童树立一个好的榜样，在与农村儿童的互动中产生积极的影响作用。同时本团队成员还应该看重农村儿童与农村儿童之间的互动及影响力，通过农村儿童来影响农村儿童，在农村儿童中树立榜样，从而影响农村儿童的行为模式的改变。

2. 优势视角

"优势视角"是一种关注人的内在力量和优势资源的视角。优势视角基于这样一种信念，即个人所具备的能力及其内部资源允许他们能够有效地应对生活中的挑战。其核心理念：相信人们天生具有一种能力，即通过利用他们自身的自然资源来改变自身的能力。它着重于挖掘案主自身的优点，帮助案主认识其优势，从而达到解决案主外在或潜在的问题。

在暑期服务过程中本团队成员应从优势视角出发，相信农村儿童具有利用自身的资源来改变自己的能力。大学生应该致力于挖掘孩子们的优点，帮助他们认识自己的优势，提升他们的自信心。更重要的是本团队成员的活动要与农村儿童提升自身抗逆力、发挥潜能相适应。

（五）项目服务对象

直接服务对象：农村 6—18 岁儿童与少年
间接服务对象：农村儿童家庭及所在社区

（六）项目服务地点

山东省济南市历城区华山镇朱家桥村

（七）项目服务流程

本次专业实践总体按照实践计划进行的较为顺利，具体分前期、中期、后期三部分完成，下面为项目服务过程概述。（服务的具体实施及经费安排详见附录（一）。

1. 项目开展前期（2017 年 4 月 17 日至 2017 年 6 月 18 日）

组建团队成员，完成了实践地点的联系，专业实践计划的制定及项目的前期宣传等任务。

在组建团队过程中，团队成员每周一起跑步两次，开会一次，来进行团队建设、暑期课堂的课程准备及专业实践前的培训团队成员坦诚相待。及时地批评指正对方的不足，成员间相互打气、相互鼓励，从组建团队到项目的前期宣传，大家已然成了一家人。其次，在联系实践地点的过程中，实践当地的村委会主任热烈欢迎实践团队的进入，表示尽力提供一切可以提供的空间和物资。此外，因为小学生放假较早，所以为了生源问题，团队成员在 6 月 24 即到达实践地点展开暑期服务的宣传，我们在村民的主要聚集地贴了 5 张大海报，并且安排解说人员，并在村子各处，共张贴 100 份招生单页，在 7 月 8 日正式进入实践地点前，已有 15 名农村儿童个通过短信方式报名，宣传效果显著。

2. 项目服务的开展（2017 年 7 月 8 日至 2017 年 7 月 23 日）

服务前期（2017 年 7 月 8 日至 2017 年 7 月 12 日）

进入服务地点，完成暑期课堂儿童的报名、破冰、开始上课，与实践当地儿童初步建立关系、建立规则。

因为前期宣传时有短信报名和现场报名两种方式，所以在 7 月 8 日下午我们开始接受现场报名，并且与现场报名和之前短信报名参加暑期课堂的儿童家长签订暑期安全责任书，同时也与家长进行了一个简单的前期需求评估，了解家长对儿童在暑期课堂的期待。本次暑期课堂共招募农村儿童 30 名，年龄分布在 8—14 岁。

7 月 9 日我们与参加暑期课堂的儿童进行了破冰，与儿童建立了基本的关系和整个暑期课堂的规则，同时以年龄为依据把当地儿童分为了 4 个基本小组，每个小组均有年龄大的与年龄小的儿童，以期建立一个互助成长小组雏形，使小组成员在整个暑期课堂中通过小组成员的互助合作，一起成长，为整个暑期课堂奠定了基础。

接着团队成员按照计划的课程表开始上课，这一阶段每人共有两节课，分两次进行，团队成员前期主要向农村儿童传授较为浅显的课程入门知识，如历史课对中国历史时间脉络进行了梳理，同时通过几个有意思的历史故事引起儿童对历史的兴趣；礼仪课则讲授基本礼仪知识，通过实操演练加深儿童对礼仪的认知；财务课通过日常的消费行为引出大家对钱的作用的概念，从而引导大家思考货币的由来以及作用，为接下来的课程学习做铺垫；舞蹈课则进行了音乐鉴赏与舞蹈分类的简单介绍……团队成员此阶段的目标是与儿童建立基本的关系与课程规则，并且做简单的儿童的需求评估，以期中后期根据儿童需求调整课程内容的具体安排及上课方式。

经过 5 天趣味课堂和课业辅导，团队成员已经基本熟悉参加暑期课堂的每个儿童，包括他们的年龄、爱好、性格、暑期课堂的期待等，通过儿童两天一次的反馈，可以看出儿童们也几乎熟悉了每位老师（团队成员），并和每位老师有了稳定的互动关系。

服务中期（2017 年 7 月 13 日至 2017 年 7 月 17 日）

按计划上课，参与暑期课堂的儿童人数基本固定，与参与暑期课堂的儿童形成基本的互动模式。

此阶段团队成员与当地儿童的互动模式已基本固定，部分小组因为特殊原因做了一些简单的调试。为了使儿童更好地通过小组合作来上课，形成一个较为稳固的互助小组，自7月13日起，我们调整了教室内桌椅的布局，四张桌子拼成一个大桌子，小组内的小组成员围着这个大桌子坐，这样一来，拉近了组员间的距离，方便了小组成员间的交流，增进了小组成员间的团队意识。

在这个阶段的小组活动则让儿童以小组为单位，一起去探索村庄，通过一起去调研村史和为美化村庄建言献策，培养儿童间的互动合作，让儿童在组内共同完成小组任务，在每一次小组展示中让小组成员轮流代表小组面向全班做分享，既锻炼了儿童的交流合作能力，又提高了儿童的表达能力。

基于前期面向儿童做的需求评估与课堂反馈，经团队成员集体开会商讨后，我们对课堂的形式也做了一些简单调整，如课前放一首儿童喜欢的歌，课堂上多增加一些故事，小组中多增加一些游戏等。经过简单的调整之后儿童更加喜欢上课，在课堂上更加积极。在此基础上团队成员适当地加深了教授课程的深度，如历史着重讲述重要朝代的主要历史故事，使儿童对于部分朝代有了感性的认识；礼仪课上升华礼仪的知识，以感恩为主题进行感恩故事讲解，同时让儿童为大家分享儿童的感恩故事，让儿童对感恩有一定的认识，引导儿童意识到人人都向往做一个懂得感恩的人，可有时最容易忽略的感恩的确是身边最亲近的人如父母、祖父母，布置感恩作业，开始教授手语操《感恩的心》；财务课堂则通过前期的铺垫，中期已经开始介绍日常生活中的一些经济现象和一些理财常识；棋类在简单了解棋类的基础上开始教儿童学习中国象棋和陆战棋的基本规则与走法，而且在棋类知识的教授中引申出了一些历史事件，提升学生的历史文化修养和对民族文化的认同感；舞蹈课堂也开始了舞蹈动作的教授……

此阶段，随着彼此间接触的深入，儿童学到的课堂知识更加广泛与深入，儿童与儿童之间，儿童与团队成员之间的关系也更加地亲密与稳定，但是随着关系的进一步加深，儿童之间也出现了一些小矛盾，需要老师（团队成员）及时的介入解决。

服务后期（2016年7月18日至2017年7月23日）

按计划上课，同时开始处理离别情绪，完成儿童作品展览和儿童暑期课堂汇报表演。

由于暑期课堂已经进入收尾阶段，所以在7月18日团队成员共同商讨如何处理离别情绪问题，我们在一开始就跟参与暑期课堂的儿童与家长明确了要离开的时间，很早做了铺垫，让儿童与家长知道我们是要离开的。在接下来的 5 天里我们尽量弱化老师（团队成员）的角色，更多地培养儿童的能动性，发挥儿童的潜能，让他们自己处理遇到的问题与矛盾。

在最后的两次小组课堂上，一次是生命与责任的主题小组，一次仪式性告别。

在课堂上，我们的课程开始收尾，如历史开始着重发展儿童的独立思考能力，启发儿童从历史事件中总结规律，从而达到古为今用的目的；礼仪课总结前期与中期的授课内容，增加儿童的情感体验，进一步提高儿童对于礼仪及感恩的认知；财务课再一次回归到货币的本质上去，通过一些案例的讲解让大家正确地认识货币，树立合理的消费观念；棋类课通过前面象棋与军棋的基本规则与手法的多次训练下，儿童已经可以两两展开一场精彩的对弈了……而且各科的老师也都在利用课余时间准备最后汇报晚会的节目，联系当地的广场舞阿姨借设备。

7 月 23 日，白天做了最后一次小组和简单的告别，之前儿童们想要为老师（团队成员）准备礼物，我们本来不打算接受礼物，但是又怕伤害儿童的心，所以最后我们协商好老师（团队成员）不接受花钱的礼物。在最后一天，每一位老师都收到了儿童的礼物，其中多为在课上练的字帖、绘画及在课堂上学习的折纸。告别结束，我们最后通过书画展和汇报晚会向参加暑期课堂的父母及当地其他村民汇报我们暑期课堂的成果，获得了当地村民的一致好评。

3. 项目开展后期（2017 年 7 月 24 日至 2017 年 7 月 31 日）

团队成员开始返程，整理专业实践的资料及进行个人的专业反思。

暑期课堂结束后每位团队成员及时进行了反思与总结，以提高团队成员的专业成长。

我们整理的活动材料如下：活动照片、活动视频、暑期课堂报名表、暑期课堂安全责任书、暑期课堂的签到签退表、暑期课堂作品代表及前期的教案等。

（八）宣传方式

采取线上线下相结合的方式，线上如微信推广等，线下如海报宣传、单页宣传、村广播站宣传等。

三、项目方法

本项目运用社会工作的专业理念方法，通过文献研究、调查研究，对农村儿童暑期生活与学习状况以及农村儿童成长方面的特点、规律进行了前期评估。在此基础上，实践中本项目有效整合社会资源，综合采用小组、社区等社会工作专业的实践方法为农村儿童提供针对性服务。

四、项目结果

本项目实践结果如下：

1. 参加暑期课业辅导的儿童，超过百分之九十的儿童完成一半以上作业，其中有百分之十左右的儿童完成全部的暑期作业；

2. 参加暑期课堂的儿童，课外知识得到了丰富及学会了诸多才艺；

3. 儿童沟通、合作能力明显提高，且进一步增加了儿童对村庄的了解；

4. 亲子间交流联系更加密切，亲子关系得到一定程度的加强。

五、项目分析

（一）过程分析

本项目在实施过程中较为顺利，但仍存在部分问题，项目成员及时对项目实施过程中存在的问题进行了分析，并对其做出了相应的调整：

1. 小学生放假较早，由于父母较忙无暇照顾孩子，为保障孩子的安全很多家长选择在暑假期间将孩子送去补习班，造成了服务对象的缺失。

应对方案：团队成员及时做出了应对措施，提前招生，在农村儿童放假前的两个星期即到达实践地点开始招生宣传，并做出了若招生仍然不足可调整每天服务的具体时间，尽量与补习班的时间分开，采取傍晚时间开课的应急预案。

2. 实践当地村委会提供的教室相对狭小，空间拥挤。

应对方案：及时调整桌椅空间布局，保证空间的有效利用率，保证每个学生都有位子。

3. 举办晚会资源比较匮乏，没有音响、话筒等必要的设施。

应对方案：与实践当地跳广场舞的阿姨联系合作，借用阿姨们的设备，同时邀请跳广场舞的阿姨表演节目，共同举办晚会。

4. 在具体实践开始前期人员时间安排比较不合理，有时会有时间冲突，或者有时又会有很多的时间空闲。

应对方案：团队成员及时开会进行总结反思，一起调整大家的时间安排，提高团队成员的时间利用率。

（二）结果分析

1. 课业辅导成果

在暑期课业辅导中，不少父母表示因为有大学生辅导儿童写作业，儿童写作业的速度和质量有很大提高。在大学生到来之前，百分之九十以上的父母们因时间与学历的限制无法辅导孩子们写作业，并因此感到非常苦恼。如今有大学生可以帮忙辅导孩子的作业，父母们纷纷向我们表示感谢。感谢我们辅导儿童完成暑期作业，感谢我们教给儿童很多的才艺。团队成员所做的不仅仅是辅导儿童写作业，而是更加注重儿童之间的互相协助。很多时候，团队成员会引导儿童通过结对子或者小组内互相帮助解决自己的问题，在辅导作业的同时注意建立与维持儿童之间的互助关系，力求形成一个长期的互助对子或小组。团队成员希望等到暑期课堂结束后，儿童之间仍可以继续维持互助学习的状态。现在在暑期课堂期间，儿童之间基本形成互助对子或小组，儿童可以在暑期课堂中独立完成彼此间的互助活动，后期我们也会继续跟进回访，查看长期互助效果是否可以继续维持。

2. 儿童课程收获

参加暑期兴趣课堂的儿童均收获颇多，百分之九十的儿童学会一套手语操"感恩的心"、跆拳道品势太极一章及腿法；百分之五十的儿童学会舞蹈"敬你一碗青稞酒"，掌握军棋的基本技巧，并且可以两人对弈；百分之九十的儿童的书法、绘画技术得到提高，并且举办了一次书画展，邀请儿童父母及其余乡亲观看；另外通过暑期课堂团队成员为当地儿童普及了历史、法律、财务、礼仪等方面的知识，尤其是法律知识，在教授与法律相关知识的同时还加入了一些自我保护知识的讲授，增强了儿童的安全保护意识；此外参加暑期课堂的儿童，人人可以熟练背诵词《满江红》、诗《我骄傲，我是中国人》《朝代歌》，人人会唱歌曲《我的未来不是梦》《送别》《感恩的心》等歌曲。

3. 小组成果

通过六期的探索小组，儿童由一开始的陌生、羞涩，到逐渐敢于在组内表达自己的意见，逐渐地开始组员间合作，逐渐地通过组员间的交流与互动，儿童们的小组作品一次比一次让人惊喜（如展示作品的颜色一次比一次丰富，内容一次比一次多样），同时通过一系列的探索小组，加深了儿童对村庄的了解，增加了儿童员对村庄的归属感，不少儿童感慨之前对村庄了解太少。

此次暑期课堂，团队成员在教课的同时注意儿童与父母的链接，布置了很多加强儿童与父母互动的作业，在一定程度上加深了儿童与父母之间的交流。最后我们通过晚会的形式，向父母汇报专业实践的效果，并且根据每个儿童的特点，颁发给每一个儿童一张最适合他的奖状，如活跃之星、勤奋之星、小小书法家、课堂小博士等等，希望以此告诉儿童，每一个人都有自己的优点，每一个人都值得表扬。

六、结论与建议

在本次假期中，我们通过暑期课堂辅导儿童完成假期作业，引导农村儿童养成良好的学习习惯。多元化形式的兴趣课堂除教授当地农村儿童兴趣课程外，还拓宽了当地农村儿童视野，使当地农村儿童了解更多学校课堂之外的知识，如法律、本地地理知识等，更重要的是我们以暑期的一系列活动为纽带，增强了当地农村儿童同辈群体之间的交流、互动与合作能，同时，对我们自身而言，丰富了本项目团队成员的实务经历，提升了项目成员的实践能力。

此外，在实践过程中仍存在着许多不足，如时间太短，项目成果的巩固时间过短，成果的后期持续性难以跟进，课程种类过于多，难以有很好的联结等各种问题，据此，我们提出了以下建议：

1. 针对时间短任务量大的情况，我们会酌情增加实践时间，使儿童之间形成一个有保障的可持续的互助机制，从而使儿童在一个更好的成长环境中成长。

2. 课程种类设置存在瑕疵，下一次可以分必修课和选修课，一些如法律历史、书法等普及性的课程为必修课，舞蹈、跆拳道等为选修课程，孩子可根据个人兴趣自主选择课程。

3. 下次暑期服务我们可以给儿童们更大的发挥空间，像书法与绘画的展览会、消夏晚会可以交给儿童们自己去办，让儿童主导活动，团队成员则适当隐化自己的角色，在旁协助、引导，必要时给予一定的意见。

4. 这次暑期服务，父母的参与相对较少，下次暑期服务可以举办更多的亲子活动（如亲子运动会或者亲子小组），加入更多儿童与父母互动的环节，而非仅仅是课下作业时间的连接。

5. 这次暑期服务，对于当地资源的利用比较少，下次暑期服务可以更好地发掘当地资源，让父母和当地村民有更多地参与，如寻找一些有特长或者有故事的父母或者家长给孩子们上课或者做分享，与当地村委会和村内组织有更多的合作，一起举办活动。

6. 我们期待下一次的暑期服务可以建立一个可持续、可监督、可发展的儿童互助模式，在团队成员不在的情况下，儿童之间的互助模式仍可以稳定维持。我们预想的是可以采取成立儿童会和父母会，二者成立理事会，监督运行，具体操作形式由大家开代表会草拟，最后通过全体代表大会通过。

农村中高龄老年人需求调查
——以菏泽某村为例

团队负责人：杨健美　　　　　　　　　　　　　　指导教师：张文华

团队成员：张淑芳、杨真真、吴博、张晨

一、项目目的

在人口老龄化和高龄化的背景下，农村地区的养老问题显得更为突出。农村人口老龄化、高龄化形势更为严峻。据第六次人口普查数据显示，2010年全国60岁及以上人口达到1.78亿，其中农村老年人已超过1亿。全国80岁及以上老年人口达到2000万，其中1200万生活在农村。据民政部统计，截至2010年末，我国城乡失能老人总数达到3300万，其中完全失能的老人达到1080万，约80%的失能老人住在农村。中国老龄科学研究中心2011年3月发布的《全国城乡失能老人状况研究》报告指出，到"十二五"期末，完全失能老人将达到1240万，农村有照料需求的占61.8%，农村照料需求增长速度远高于城市。在这种背景下农村老年人需求调查就显得尤为重要。而且作为一个农村的孩子，农村老年人在生活、养老中的问题时常出现在我们生活中，这更加坚定了我们要去做出努力的信念：

1. 通过对农村中高龄老年人的生活现状的调查研究，了解农村中高龄老年人在经济、医疗、精神等方面的需求；

2. 进一步了解农村中高龄老年人在养老方面的需求，探寻真正适合农村的养老模式；

3. 逐步引导农村中高龄老年人表达真实需求，协助解决农村中高龄老年人的养老问题，为农村老年社会工作开展服务提供可靠的依据；

4. 引起社会各界的关注，让更多农村中老年人享受到各种资源，促进社会福利水平的提高与发展。

二、项目内容

（一）项目预备

1. 建立实践团队

团队成员均来自社会工作专业，作为社会工作专业的学生，五名团队成员对社会工作的认同度很高，拥有较高的社工情怀，希望深入实地调查研究社会问题，把课堂上学到的专业知识运用到实践中。因此五名团队成员在志趣相投的情况下，决定组成团队申报项目。

2. 项目选题

（1）确定研究对象

团队成立以后，召开了团队小组会议。在小组会议中，团队成员各抒己见，最终所有团队成员聚焦在老年人群体上。团队成员在参加社区实践中，发现即便是在已有社工入驻的城市社区，娱乐设施相对完备的前提下，老年人群体的需求仍未得到充分满足。由于团队成员均来自农村，对农村老年人群格外关注，不禁联想到农村老年人群体的需求是什么，又是否得到了满足。围绕这个问题，团队成员查阅大量文献，发现很多学者针对城镇社区的老年人的需求已经做出了大量研究，但农村中高龄老年人群体鲜少有人提及。由于调研时间是在暑假，团队成员可以做到时间上的保证，把精力完全投注在项目上。综合考虑时间、地域、样本数量等客观因素，初步决定五名团队在暑假期间分别在各自家乡进行调研，调研结束后再一起汇总分析。在询问过张文华教授意见后，考虑到团队成员均是大一新生，第一次参加暑期调研，且不同地方的村情不同，如果分开调研团队成员不便及时沟通交流，会增加调研难度。因其他四名团队距离团队成员吴博家乡最近，为确保调研顺利开展，在张文华教授建议下，团队成员决定把调研地点确定团队成员吴博的家乡菏泽市成武县吴楼村，进行关于农村中高龄老年人需求的小样本调研。

（2）选择研究方法

项目采用了问卷调查、个别化访谈的专业研究方法。大一期间社会工作专业开设了"个案工作"的课程，团队成员已能掌握个案访谈的技巧。但由于"社会研究方法"课程还未开设，团队成员作为大一新生还不能掌握多种复杂的研究方法。在听取了张文华老师的专业意见后，团队成员决定采取问卷调查、个别化访谈的专业方法实现项目运作，围绕当地老年人的心理经济需求、精神需求、医疗需求等方面进行了调查问卷的设计讨论，从多个维度调查农村老年人各方面的需求，为调查实践的开展准备条件。考虑到研究对象年龄较大，文化程度较低，在经过小组商议讨论及老师指导后，项目最后确定了 12 道问卷题目，9 道访谈题目，计划发放问卷 30 份，访谈 15 份。考虑到当地村民的排异心理，项目计划由熟识当地情况的吴博带领张淑芳发放回收问卷，由吴博带领杨健美、杨真真入户访谈，并由杨健美、杨真真完成并整理访谈内容。

（二）项目计划

项目计划及进度	时间	阶段计划
前期准备	2017/06/15—2017/06/16	成立项目工作组，明确成员分工与任务，确定研究方向。确立指导老师并寻求技术支持
	2017/06/16—2017/06/21	项目组成员利用图书馆、中国知网等工具查阅大量的相关文献：《中国当代农村老年人养老现状与需求分析》、《中国农村养老保障模式创新研究》（杨复兴著）、《老龄问题研究论文集》（董万亭主编）等
	2017/06/22—2017/06/30	根据相关知识积累及资料制作关于中国当代农村老年人养老现状与需求分析的调查问卷，并寻求指导老师的指导对问卷进行完善
中期实施	2017/07/15—2017/07/28	中期为项目展开阶段。发放回收问卷；活动期间进行访谈；张晨进行跟拍为后期 VCR 的制作提供材料（备注：每天晚上进行活动反思）
后期总结评估	2017/08/23—2017/08/25	对已有资料进行整理归类
	2017/09/03—2017/09/10	分析问卷并撰写调查报告

（三）项目实施

1. 实施过程

（1）问卷的发放

根据前期的准备和具体的实施时发现，老年人基本不识字，以及有些专业术语、词汇不懂、不理解的问题，我们采用组员为老人诵读，老人讲述，组员填写，以及和组员与老人聊天了解到的老人具体情况来完成问卷的填写。

（2）访谈的进行

关于访谈，我们采用抽样的方式进行，对部分老年人进行了访谈调查，由于老年人并不能理解专业术语，或者有些词不能理解，我们便对老人进行聊天式、举例式说明来进行访谈。

（3）资料的回收

由于我们的访谈与问卷形式的特别方式，我们的回收率很高，除了一些由于年龄太大的老年人不能说清楚话或听不清的原因不能进行被访外，其他老年人都进行了有效的问卷填写。对回收的问卷我们进行数据整理和分析，将结果进行量化，将老年人的各方面需求一一呈现出来。

2. 感受

在这次调查中，我们发现农村的生活水平有很大的提高，一些老年人开始追求精神层面的需求，更加注重养老质量，不过有些老年人因为家庭贫困，依旧存在物质上的需求。在医疗方面，老年人对现有的医疗水平还是比较满意，只是对一些医疗方面的政策实施，有一定程度上的不满。同时老年人的防备心，还是让我们挺惊讶的，不过我们很赞成老年人的防备之心，至少这样可以表明，老年人也是不容易上当受骗的。同时，通过调研我们了解到调研的不易，以及想象和现实的区别，调研前进行了设想和计划，等实际去实施的时候我们的很多设想是用不了的，真正调研的时候需要我们随机应变，观察老人的面部表情来考虑是否进行下去，哪些话该说哪些话不该说。通过这次调研我们成长了很多，也让我们了解到自己的不足，意识到专业知识以及实践活动的重要性。

（四）结果分析

调查对象中有 63.33% 的人为女性，36.67% 的人为男性，且 70% 的老人处于已婚状态，仅有 26.67% 的老人丧偶，3.33% 的老人未婚、离婚、再婚、其他三种情况为 0%。（见图 1、图 2）调查对象中 96.67% 的老人有子女，且子女居住地距离自己较近，仅有 3.33% 的老人无子女（见图 3）。

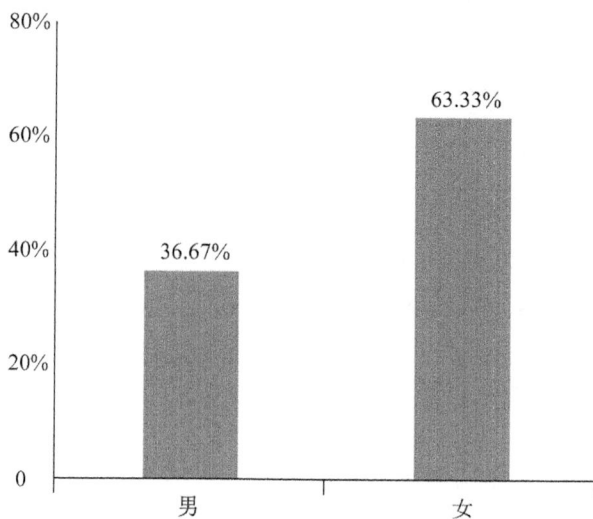

图1：调查对象的男女分布

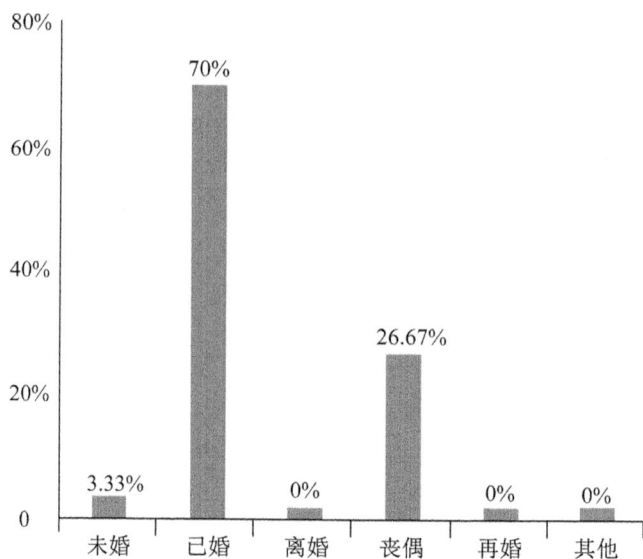

图2：调查对象的婚姻状况

无子女 0% 3.33% 有子女，且子女居住地距离自己较近

96.67%有子女，但子女居住地距离自己有一定的距离

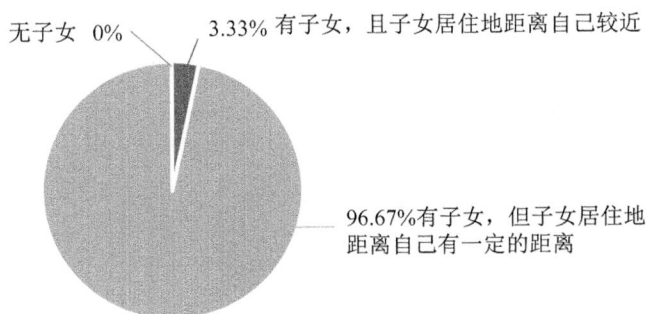

图3：与子女距离远近情况

老人收入多样，但集中在"子女或亲友供养、低保金、现在工作"所得三大部分，在主要收入来源中（图4）子女或亲友供养占33.33%，现在工作所得占20%，低保占16.67%，退休金占13.33%，其他占10%，财产性收入占6.67%。补充性收入中（图5）子女或亲友供养占63.33%，低保金占33.33%，现在工作所得占3.33%。

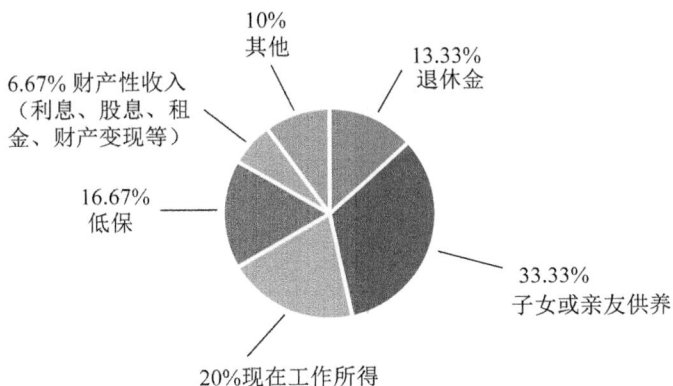

10%其他

13.33%退休金

6.67%财产性收入（利息、股息、租金、财产变现等）

16.67%低保

33.33%子女或亲友供养

20%现在工作所得

图4：老人的主要收入来源

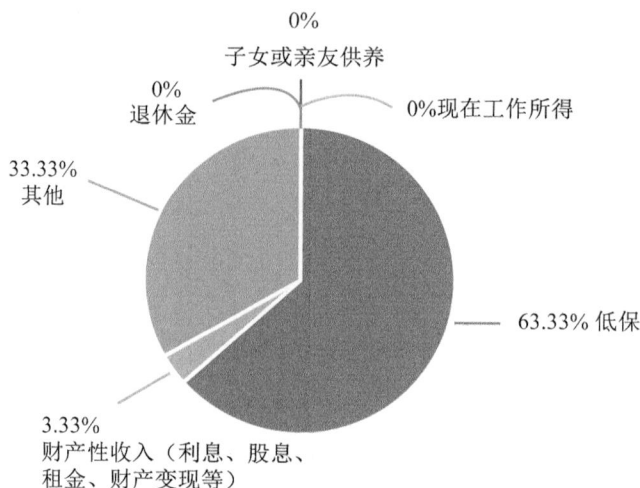

图 5：老人的补充收入状况

26.67%的老人独居，43.33%的老人和老伴一起生活，10%和子女一起生活，20%的老人和老伴、子女一起生活，目前没有在养老院或福利院和其他等情况（图 6）。独居与和老伴一起生活的老人数量超过一半，其中老人身体状况一般的占 50%，不好但能自理的占 23.33%，不好需要人照顾的占 3.33%，很健康的占 23.33%（图 7）。

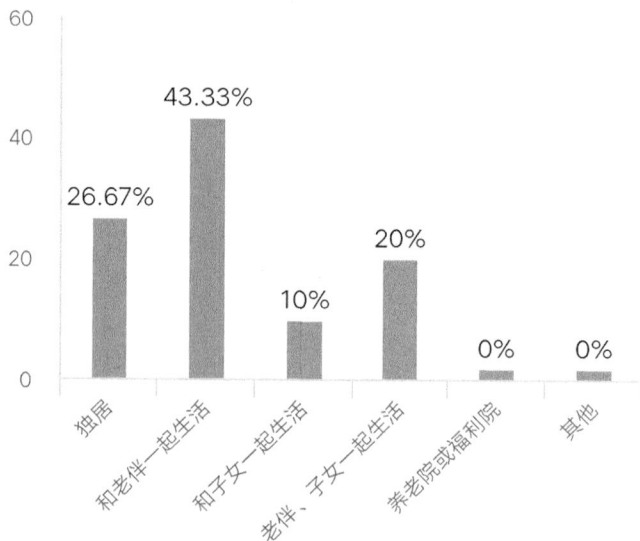

图 6：老人的居住情况

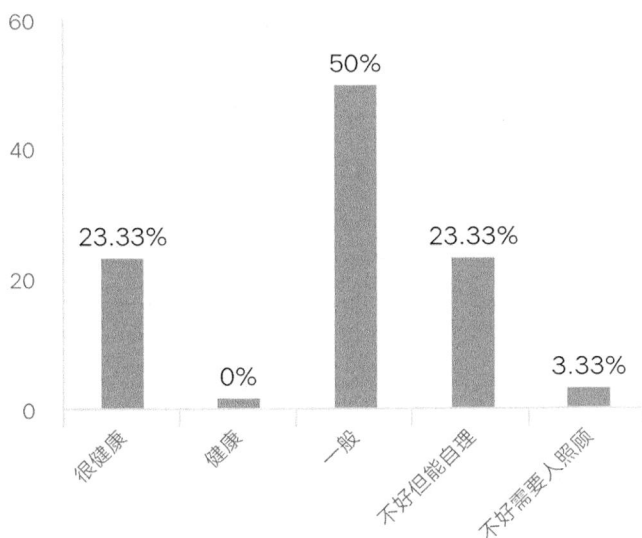

图7：老人的身体健康状况

从图6、图7中我们可以看到老年人的居住方式及身体状况存在许多问题，图8体现出一部分，有43.33%的老人表示需要精神生活、心理方面的交流，40%的老人需要生活起居方面的照顾，13.33%的老人需要经济方面的支持，仅有3.33%的老人表示需要其他方面的满足。

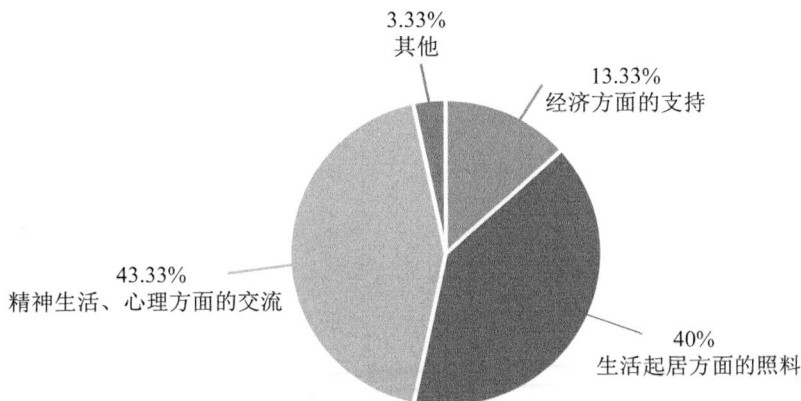

图8：老人不同方面的需求

在老人平时娱乐方式中，40%的老人会串门、聊天，33.33%的老人务农，13.33%的老人听收音机、看电视、呆坐和其他情况占10%，跳舞和打牌、打麻将的情况为0%（图9）。而且，老人对电脑、手机等电子产品一窍不通的比例占 33.33%，只会打打电话的占 53.33%，能上网聊天、看新闻的和都很在行的均占 6.67%（图 10）。说明老人平时的活动比较无聊，且他们对电子产品的使用很少。

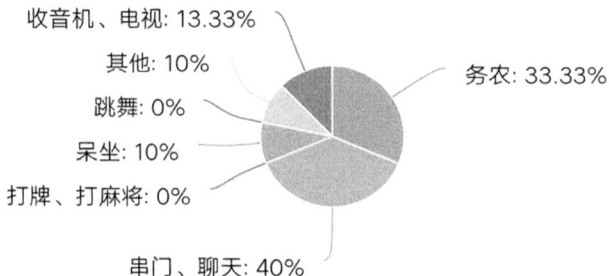

收音机、电视: 13.33%
其他: 10%
跳舞: 0%
呆坐: 10%
打牌、打麻将: 0%
串门、聊天: 40%
务农: 33.33%

图 9：老人平时的娱乐活动

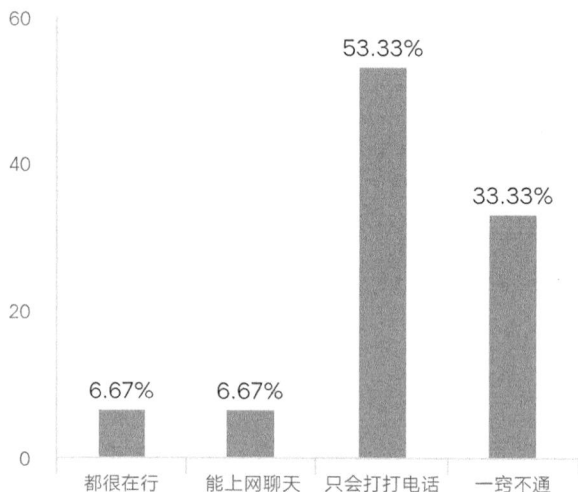

图 10 柱状图：

- 都很在行: 6.67%
- 能上网聊天: 6.67%
- 只会打打电话: 53.33%
- 一窍不通: 33.33%

图 10：老人对电子产品的掌握情况

调查中老年人认为自己的幸福取决于家庭和睦、子女孝顺的占 93.33%，取决于身体健康、居住舒心的占 86.67%，取决于收入稳定、社会保障的占 60%，取决于文化娱乐活动丰富的占 40%，取决于是否受尊重和自我实现度较高的占 30%（图 11）。这说明我国传统的家和万事兴观念深入人心，家庭在老人的眼里最为重要。其次老人对身体健康程度也很是关心，有好的身体才能给子女减轻负担；经济收入的稳定对老人的生活提供基础。图 4、图 5 也显示出老年人经济主要依赖于工作、低保、子女或亲属供养，说明老年人的收入还是较少。

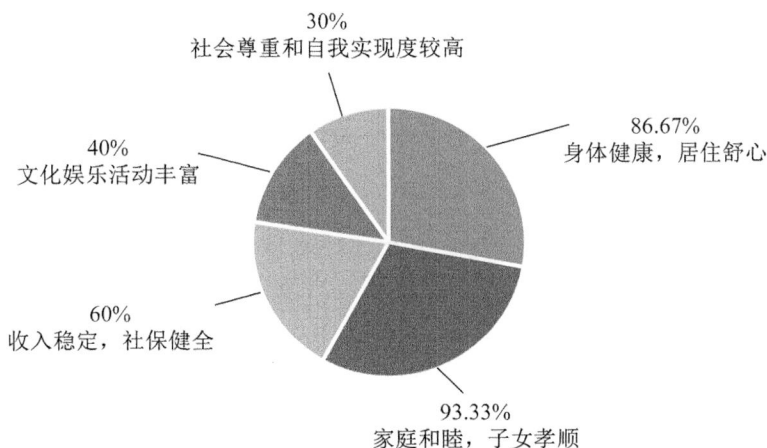

图11：老人的幸福感来源

对于养老方式老人比较倾向于子女养老占 43.33%，自我养老占 33.33%，政府养老占 23.33%，而敬老院养老和其他为 0%（图12）。老人对能有子女陪伴在身边抱有很大的期望；当然有三分之一的老人不想麻烦子女，表示想自己养老，这就不可避免地需要增加老人的收入。

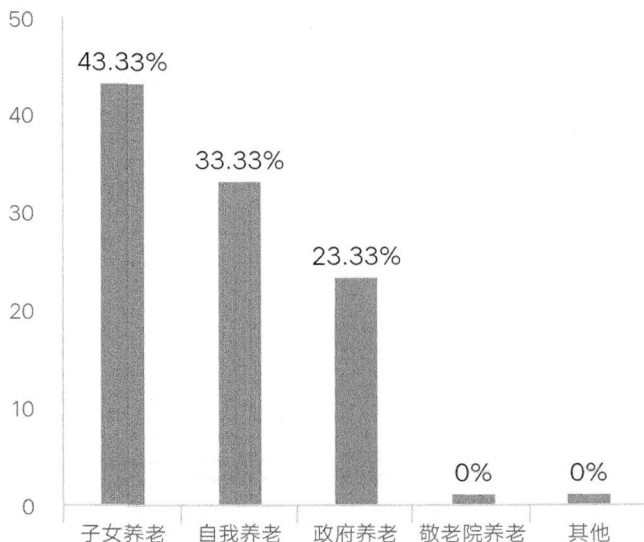

图12：老人倾向的养老方式

（五）调查总结

根据前期的准备和具体实施时遇到的问题，我们采用组员为老人诵读，老人讲述，组员填写，以及和老人聊天来完成问卷的问题，访谈是根据老年人的讲述意愿，对部分老年人进行访谈。

1. 过程中遇到的问题

（1）村子中并没有几个中高龄老年人，并且部分中高龄老年人听不见，或者讲话困难；

（2）老年人有防备心理，不配合；

（3）老年人大部分文化水平较低；

（4）老年人容易疲劳，进行问卷的调查后，一些老年人就不再愿意配合；

（5）老年人不愿意说自己的需求；

（6）老年人并不清楚自己的真实需求。

2. 我们的解决方式

（1）进行了调整，将调查对象扩展到 60 岁以上的老年人；

（2）由组员吴博的母亲带领并进行部分解释；

（3）由组员进行解释，并根据老人的诉说进行填写；

（4）我们分两次谈话，或者与老人聊一下别的话题，从谈话中进一步了解老年人；

（5）对于不愿诉说的老年人，我们采取聊天，或者侧面引导话题进行需求了解，一般情况，当我们和老年人聊开后，老年人就愿意诉说；

（6）我们根据一些讲述其他老年人的需求，引导老年人的回忆，让老年人可以表达出来自己需求。

三、项目方法

项目采用了问卷调查、个别化访谈的专业调查方法，后期采取实证主义定量的分析方法和人文主义定量的研究方法相结合进行结果的分析。大一期间社会工作专业开设了"个案工作"的课程，团队成员已能掌握个案访谈的技巧。但由于"社会研究方法"课程还未开设，团队成员作为大一新生还不能掌握多种复杂的研究方法。在听取了张文华老师的专业意见后，团队成员决定采取问卷调查、个别化访谈的专业方法实现项目运作，围绕当地老年人的心理经济需求、精神需求、医疗需求等方面进行了调查问卷的设计讨论，从多个维度调查农村老年人各方面的需求，为调查实践的开展准备条件。考虑到研究对象年龄较大，文化程度较低，在经过小组商议讨论及老师指导后，项目最后确定了

12 道问卷题目，9 道访谈题目，计划发放问卷 30 份，访谈 15 份。考虑到当地村民的排异心理，项目计划由熟识当地情况的吴博带领张淑芳发放回收问卷，由吴博带领杨健美、杨真真入户访谈，并由杨健美、杨真真完成并整理访谈内容。

四、项目结果

项目通过访谈以及对问卷回收结果进行评估得知，80%的老人没有固定的生活来源，生活依靠儿女给予经济支持，20%的老人由于家庭关系不和谐或子女本身经济能力低而只能依靠微薄的养老补贴生活，老人的实际经济能力低，经济条件难以满足日益增长的物质需要。老人的医疗卫生条件差，医疗费用过高与实际经济能力不相配，住处离医疗机构远，医护人员对老人照顾不够细心等情况明显。疾病缠身、子女常年不在身边等问题，导致老人的精神状况差，精神生活空虚的问题明显，加之一些镇、村基层组织对老龄工作认识不够，致使农村老年人精神文化生活得不到重视等问题。详情如下表：

表 1：项目结果汇总

婚姻状况	未婚	已婚	离婚	丧偶	再婚	其他
	3.33%	70%	0%	26.67%	0%	0%
收入来源	退休金	子女或亲友提供	现在工作所得	低保	财政性收入	其他
	13.33%	33.33%	20.00%	16.67%	6.67%	10.00%
居住状况	独居	和老伴一起生活	和子女一起生活	老伴、子女一起生活	养老院或福利院	其他
	26.67%	43.33%	10%	20%	0%	0%
健康状况	很健康	健康	一般	不好但能自理	不好需要人照顾	
	23.33%	0%	50%	23.33%	3.33%	
需求状况	经济方面的支持	生活起居方面的照料	精神生活、心理方面的交流	其他		
	13.33%	40%	43.33%	3.33%		

生活日常	听收音机、看电视	打牌、打麻将	务农	呆坐	其他	串门、聊天
	13.33%	0%	33.33%	10%	10%	40%
电子产品使用情况	都很在行	能上网聊天、看新闻	只会打打电话	一窍不通		
	6.67%	6.67%	53.33%	33.33%		
幸福的认知	身体健康，居住舒心	家庭和睦，子女孝顺	收入稳定，社保健全	文化娱乐活动丰富	社会尊重和自我实现度高	
	86.67%	93%	60%	40%	86.67%	
养老倾向	子女养老	自我养老	政府养老	敬老院养老		
	43.33%	33.33%	23.33%	0%		

五、项目分析

（一）成果展示：

项目通过问卷调查、访谈方法，并对回收问卷进行评估，通过统计图的形式，直观明显地反映出了老人的需求情况。有 50% 的老人需要子女物质生活上的照顾；80% 的老人娱乐方式匮乏，精神生活较空虚；50% 的老人身体情况一般，健康的仅占少数；尽管老人更希望子女陪在身边照顾，但 40% 的老人不愿麻烦子女，平时有事尽力自己解决；100% 的老人接受不了新型养老模式，如敬老院。

（二）分析不足：

1. 取样范围仅限于一个村，样本容量小，代表性较差。

2. 由于访问方式存在不足之处，访问过程出现了拒绝访问、敷衍的情况，拖慢了访问进程。

3. 由于地区之间文化差异、语言的不同，加大了后期工作开展的难度。

（三）后期可做出的努力：

1. 斟酌考虑选取调研地区，扩大取样范围，选取更多地点进行取样，加强研究的科学性、代表性。

2. 鼓励农村老人注意调节自身心态，增强心理上的自立程度。督促他们注意锻炼身体，养成良好的生活习惯。

3. 改进访问方法，采用送小礼物等方式缓解被访问对象的戒备，降低调研难度，以确保调研进程快速有效地进行。

4. 改进问卷的科研性、完整性，使问卷更精细化、全面化。在回收问卷后的分析上，采用统计图等方式更明确地展示出问卷成果。

六、结论与建议

通过问卷与访谈的方式进行调查研究，我们发现不同条件的农村老年人的生活现状是有极大不同的，在精神、医疗、经济方面也各有所需。所以，我们建议：

1. 发挥主观能动性，做积极参与社会的主人。农村老人自身要注意调节好心态，增强心理上的自立程度。生活上，锻炼自己的自立能力，并且注意锻炼身体，养成良好的生活习惯。

2. 强化尊老、爱老、养老、敬老的宣传教育。

3. 逐步建立农村养老制度，为农村老人提供生活保障，完善农村医疗保险制度。

4. 兴办农村养老福利事业，走家庭化养老与社会化养老相结合之路。可由乡、村组织牵头，通过招商引资、当地能人投资等多渠道的办法兴办养老院、托老所等。政府可在发展农业生产上找出路，加大对农村的财力与科技投入，让更多有知识、有文化、有技术的劳动力留在农村，进行农业开发。

准公共物品视角下，对城乡接合部公共养老机构发展现状的调查研究
——以济南市彩石镇为例

王琨元（2015 级公共事业管理专业）　　　　　　　　指导教师：韩芳丽
队成员：王龙（2015 级公共事业管理专业）

一、项目目的

（一）为当前我国公共养老体系改革提供数据支撑

填补国内运用准公共产品视角，分析当前我国公共养老机构发展的现状，为正在进行的公共养老体系的改革提供数据支撑，并且立足于济南市，为提升济南市政府对于城乡接合部彩石片区公共养老机构的政策扶持力度做出贡献。

（二）为和谐社会风气的形成发挥积极正向作用

尊重老人爱护老人是中华民族优秀的传统美德，在这个大力传承中华民族优秀文化的时代背景之下，弘扬社会主义核心价值观，为形成尊老爱老敬老的和谐社会风气发挥积极的作用。

（三）为公共养老机构发展问题的聚焦提供前期铺垫

当前我国一系列的改革正处于深水区，公共养老问题也不例外，希望可以通过这份调研报告，为相关专家对于改革的方向提供一个思路，并引起社会对于当前我国城乡接合部区域公共养老机构发展现状的关注。

（四）为当前公共养老体系矛盾的协调提供有效路径

由于所处时期的特殊性，我国公共养老体系并不完善，其中会存在很多的问题，比如公共养老机构与政府之间的矛盾、公共养老机构与老人家属之间的矛盾等等。只有深入调研，才能够真正展现城乡接合部公共养老机构有关各方

的矛盾与需求，并通过调研报告的形式让更多的人了解到这些最真实的情况。

（五）为大学生志愿者的养老机构志愿服务提供切实建议

彩石镇周边高校众多，活跃着许多大学生志愿者团体，他们本着服务社会的理念，定期进行社会志愿服务。通过这次切实的调查研究可以为大学城的志愿服务提供一种新思路、新方向、新方式，从而可以更好地为公共养老机构进行志愿者服务。

二、项目内容

（一）调研政府对公共养老机构的帮扶状况

与政府相关部门进行了深入的交流沟通，从彩石镇政府的层面了解到当前彩石镇公共养老机构的合作发展状况，同时也了解到当前政府与公共养老机构之间存在的矛盾与分歧。

（二）调研当前公共养老机构的管理机制运行情况

对彩石镇公共养老机构的管理人员进行采访，从公共养老机构的管理角度进行公共养老机构的调研，掌握了目前彩石镇公共养老机构发展方向的一手资料。

（三）调研目前公共养老机构工作人员的工作情况

对公共养老机构内部的工作人员进行了采访与问卷调查，从基层工作者的角度剖析了目前公共养老机构所存在的问题，从而使得本次调研活动更具全面性与权威性。

（四）调研公共养老机构内入住老人的生活状况

与公共养老机构内的入住老人进行沟通与交谈，在心与心的交谈中发现了一些当前公共养老机构存在的关键性问题。与老人的交谈可以更好地了解公共养老机构目标对象对其的真实看法，对调研报告的形成具有基石般的作用。

（五）调研城乡接合部区域居民对公共养老机构的看法

我们兵分两路，对彩石广场和彩石十字路口两个地点的居民进行了调查问卷的填写及街访，通过撒网式的调查与数据处理获得了关键性、真实性的信息，从而使得本次调研活动更加具有现实意义。

（六）调研附近志愿者团体对公共养老机构的服务情况

我们通过与彩石大学城大学生志愿团体的接触与交流，了解了目前大学生志愿者团体针对彩石镇公共养老机构所开展的服务活动。我们对于志愿服务的开展交换了彼此的看法，通过这一部分的调研，充分暴露出了作为公共养老体系关键一环的志愿者服务团体所存在的主要问题。

三、项目方法

（一）相关文献查证

调研活动开始前，对当前我国的公共养老体系的现状相关的文献进行全面搜集、整合，力图使此份调研报告更具权威性、系统性。

（二）面对面访谈法

1. 与彩石镇政府相关负责人进行交流沟通。
2. 采访彩石镇公共养老机构的负责人。
3. 对公共养老机构工作人员进行亲切交谈。
4. 与入住老人及其亲属进行简单访问。
5. 访问大学生志愿者团体的主要负责人。
6. 在彩石广场、彩石十字路口进行街头采访。

（三）调查问卷法

1. 将纸质调查问卷分发给彩石镇居民。
2. 将纸质调查问卷分发给彩石镇周边的大学生群体。

（四）头脑风暴法

经过前几个方法的调查，将收集到的数据整合之后，项目组成员进行了紧张激烈的头脑风暴讨论，最终使得该调研报告更具前瞻性与创新性。

四、项目结果

项目结果将按照目标群体的不同进行分类概括，从而便于更加直观、全面地研究问题。

（一）政府在公共养老体系中的优势与不足

据悉，彩石镇政府每年投入 20 万元人民币用于彩石镇公共养老机构的发展，并且至少举行 3—4 次公务人员志愿服务活动，协调统筹独孤老人入住事件 10 余件，卫生监督巡查 2 次等。负责人坦言，由于财政预算不足等原因，用于公共养老机构发展的资金并不能完全满足其需要。除此之外，床位紧张、基础设施落后、娱乐文化水平低下等问题，也使得政府在公共养老体系建设中心有余而力不足。

（二）彩石镇公共养老机构管理层的努力与遗憾

彩石镇公共养老机构的负责人告诉我们，截至目前，彩石镇敬老院共入住 25 人，均为无依无靠的老、弱、病、残老人。他们尽自己最大努力使这些老人生活幸福美满，但同时在敬老院的运行之中也存在一些问题，比如：目前敬老院仍然存在资金不足、床位短缺、申请入住者不断增加、所处位置交通较为闭塞、生活水平较为低下、专业护理人员缺乏等问题。这也将是他们未来努力与改善的主要方面。

（三）公共养老机构工作人员有话要说

作为公共养老体系一线的护理工作人员，他们照顾着老人生活的方方面面。这次我们与护理工作人员面对面进行了交谈，热心的李阿姨告诉我们，她在这里工作已经有三个年头了，能为老人服务每天都很开心，但是这份工作也有很多烦恼，如：工资水平并不高、敬老院距离自己家较远、与老人相处的方式比较单一、护理人员人手较少等问题。但她表示依然会奋斗在第一线，为老人服务。

（四）作为主角的入住老人也有许多话要表达

彩石镇的公共养老机构是彩石镇老人们的福音，使得他们老有所养、老有所乐，身在其中的他们都感到很幸福，但也不乏有一些需要不断完善的地方。今年 86 岁高龄的李大叔告诉我们项目组，目前敬老院的部分设施陈旧、护理人员并非专业护理人员、文化娱乐生活很是匮乏、缺乏专业的医生诊疗、卫生条件也比较差等情况，但是作为敬老院的入住老人，他感受到了人们之间深深的情谊，他目前的生活很愉快。

（五）入住老人的亲属也是我们调研的关键一环

我们访问了来到敬老院看望老人的孙阿姨，询问了关于老人的生活状况以及对敬老院的服务情况。她主要向我们阐述了如下的问题：闲暇时间老人的娱乐活动很少、工作人员工作专业性较低等，但也不可否认，敬老院的存在帮了他们很大的忙，这也让我们看到了公共养老机构存在的必要性。

（六）作为公共养老体系重要组成部分的志愿者群体

我们通过面对面访问的形式，与城市建设学院的大学生志愿者协会会长王鹏同学进行了深入的交流，相互探讨了几个关于敬老院志愿服务活动的话题。他曾经带领团队去过一次敬老院，他认为目前同学们对于公共养老机构的志愿服务参与积极性较低、敬老院距离镇区中心较远、与老人沟通存在一定的代沟等因素，可能就是目前公共养老体系建设志愿者参与度较低的主要原因。

我们采用调查问卷的方式对周边居民进行了调研活动。

我们从调查问卷中挑选了六个具有代表性的问题，本次共发放问卷 60 份，回收有效问卷 55 份，在进行简要的整合之后，结果如下。

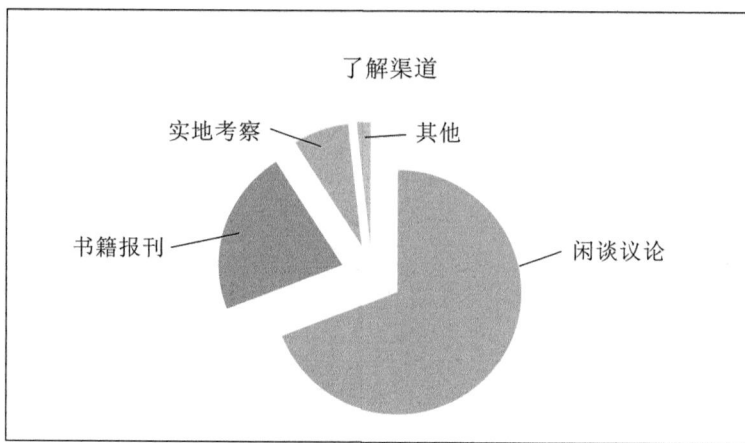

图 1：获取养老机构情况的途径

周边居民了解城乡接合部区域公共养老机构的情况主要通过平时的闲谈议论，其次是通过书籍报刊的报道。

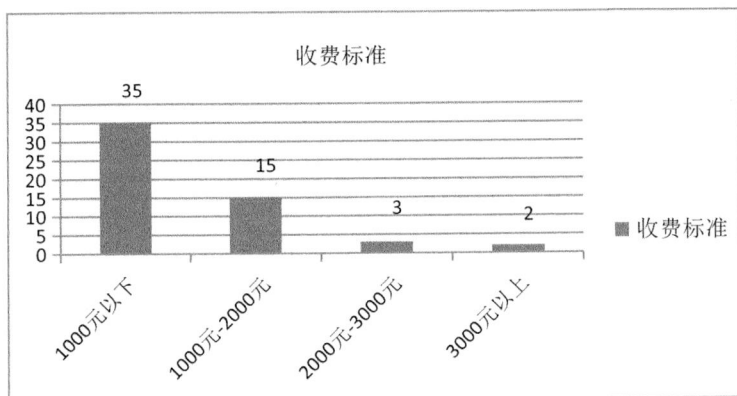

收费标准

图2：理想中养老机构的收费标准

从周边居民对收费标准的接受范围来看，认为收费标准应在 1000 元以下的有 35 人，可以接受收费标准在 1000—2000 元的有 15 人。

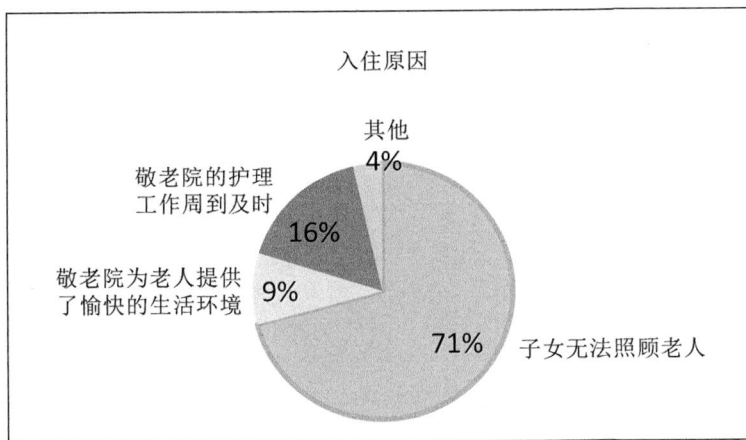

入住原因

图3：老人住养老机构的原因

周边居民有 71% 的人认为老人入住公共养老机构是因为子女无法照顾老人，其次有 16% 的人认为护理工作周到及时是老人入住的原因，有 9% 的人认为敬老院为老人提供愉快的环境是其入住的原因。

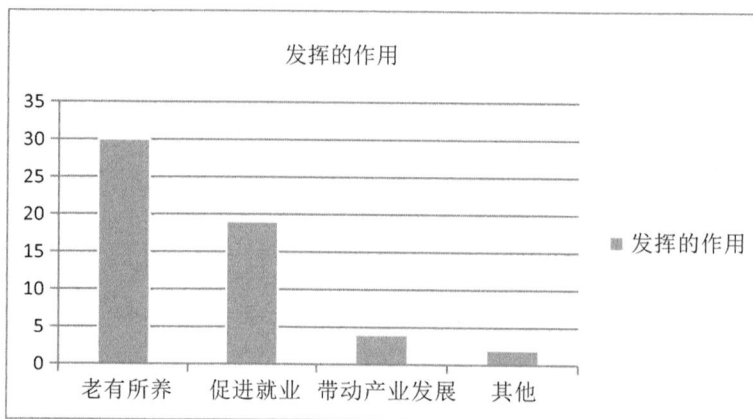

图4：养老机构发挥的作用

　　从对居民的问卷调查中可以发现，大部分认为公共养老机构的存在可以使区域内的老人群体老有所养，其次人们认为公共养老机构的存在可以带动城乡接合部区域的居民就业。

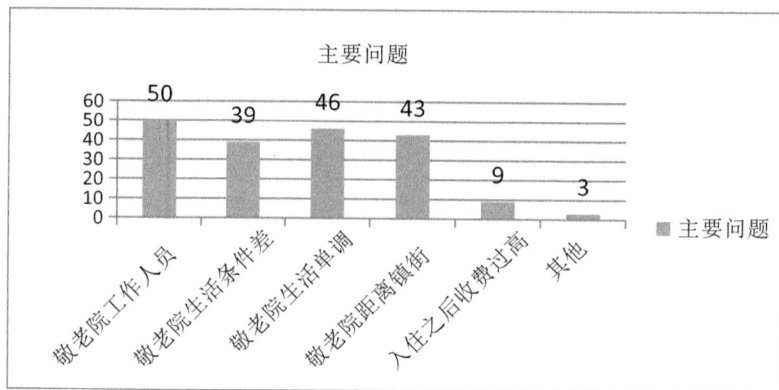

图5：养老机构存在的问题

　　从周边居民的调查问卷来看，目前存在的主要问题有工作人员专业性低、生活条件差、生活方式单一、距离镇街中心较远的问题。

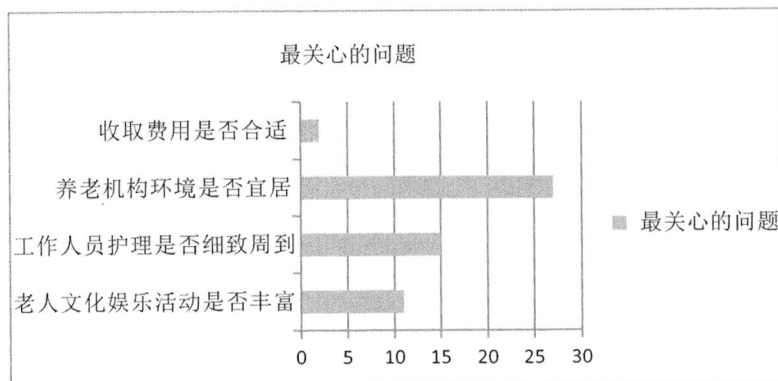

图6：对养老机构最关心的问题

从数据统计来看，养老机构的环境是人们选择养老机构的主要因素，其次是工作人员的护理以及丰富的文化娱乐活动。

五、项目分析

当前我国一系列的改革正处于深水区，公共养老问题也不例外，在我国人口老龄化问题日趋严重、家庭养老功能弱化以及社会养老保险制度不健全的社会大背景下，养老机构逐渐成为社会养老服务中的一股重要力量，并发挥着越来越大的作用。本项目立足于准公共物品角度，针对目前公共养老机构发挥的优势与存在的矛盾进行深入的调研，经过对调研结果的数据整合以及资料分析，对本项目进行了分类汇总以及相应的分析如下。

（一）优势明显

1. 公共养老机构的存在是对家庭养老的有效补充

就目前形势而言，受计划生育政策的影响，大部分都是独生子女家庭，养老负担重，老人的晚年生活得不到很好的保障。城乡接合部区域的公共养老机构的建立恰好可以作为家庭养老不足的一个有效补充，可以为独孤老人等弱势群体的晚年生活提供一种很好的保障，从而使区域内的老年群体可以老有所养、老有所依。

2. 提升居民幸福指数以及区域竞争力

公共养老机构作为公共基础设施，它的不断完善可以有效地提升区域内居民的幸福指数，使辖区内的居民可以真正老有所养，生活得更加舒心、安心。公共养老机构的存在，可以提升区域整体的形象与综合实力水平，使该区域在竞争中更好地发挥基础设施的优势，拥有更强劲的竞争力。

3. 在一定的程度上增加了就业机会

公共养老机构作为一种准公共产品的存在，除了可以为老人提供保障服务、提升区域综合竞争力外，还可以增加周边居民的就业机会，使更多的乡村剩余劳动力得到就业机会。从某种意义上来说，公共养老机构的存在也会带动周边居民就业，提高区域就业率。

（二）突出问题

1. 公共养老机构经费不足现象普遍

目前公共养老机构的资金来源主要以政府拨款的形式进行，其吸纳的社会资金较少，但其服务辐射的范围达一个乡镇甚至半个县级单位，导致资金投入与服务经费不相适应，从而导致公共养老机构的经费不足成为最为普遍的现象，这也成为公共养老机构床位短缺与服务质量普遍较低的主要因素。有些地方政府并不重视养老机构建设，财政资金支持、政策支持等都将养老机构边缘化。

2. 公共养老机构基础设施落后及相应配置不足的问题

位于城乡接合部的位置，导致城区政府与农村政府都不能获得很多的支持，由此导致其经费不足，最终导致公共养老机构的基础设施落后。再由于公共养老机构大多是 20 世纪兴建的，以致其基础设施很难适合现在时代的发展，比如：电路老化、冬季采暖条件不够、卫生条件较差等问题突出。除此之外，城乡接合部区域的公共养老机构一般没有专门看护老人的专业医生，使得老人有突发情况时无法及时就医，这也制约着公共养老机构的发展。这些问题都将会导致入住老人的体验不佳，更有甚者会引发重大事故。

3. 公共养老机构交通闭塞制约发展壮大

由于距离镇街中心越远，土地价格会越便宜，所以大多数的公共养老机构会位于较为偏远的地区，彩石镇敬老院也不例外。更为偏远的地区会导致公共养老机构周围的交通更加闭塞，进而影响家属的探望。除此之外，由于交通闭塞，距离一些大医院、市场等距离过远，老人就医不便，养老院的蔬果等日常开销成本较大。另外，由于养老机构地处偏僻，交通不便，对工作人员也非常不便，一些专业护工会因为条件不便而选择条件好的大型养老机构或其他部门，进而乡镇、城乡接合部专业护工也越来越少，恶性循环，最后会导致公共养老机构的停滞不前甚至是退步。

4. 工作人员专业性低并且人员短缺成为突出的问题

城乡接合部区域的公共养老机构大多位于较为偏远的农村地区，其工作人员大多为当地农村的村民，没有受过良好的教育和专业的护理知识，对于老人缺乏深厚的情感，而且护工等工作人员工资水平低，导致工作积极性不高。另外，受工作特殊性的影响，很多人不愿从事该工作，由此导致城乡接合部公共养老机构的工作人员专业性低以及人员短缺现象明显。工作人员专业性低会导致入住老人的生活舒适度降低和幸福感的下降，还会导致老人家属对老人生活的担忧，甚至发生不必要的冲突。

5. 文化娱乐活动缺失成为老人幸福感下降的主因

随着物质生活水平的不断提高，人们对文化生活水平的要求也在与日俱增，老年群体也不例外。从调研的结果来看，公共养老机构的老人日常娱乐活动少之又少并且形式单一。养老机构的老人往往没有儿孙的陪伴，精神上比较空虚，更需要安慰和陪伴。由此公共养老机构内文化娱乐水平的缺失成为制约老人幸福感提升的最主要的因素。除此之外，文化娱乐活动的缺失还会导致老人群体整体心理氛围的下降以及老人健康水平的降低。文化娱乐活动成为公共养老机构的"标配"是未来养老机构发展的趋势，从社会稳定以及老人幸福感的角度来看，增加和丰富公共养老机构的文化娱乐活动是有意义的也是必要的。

6. 以志愿者为代表的社会群体对公共养老机构的关爱不足

"老吾老以及人之老"是中华民族的传统美德。从古代开始，人们就开始在基础教育中强调关爱老人的重要性，但是，随着社会的不断进步与发展，这种传统美德正在渐渐地消失。从调研结果来看，因为公共养老机构老人群体的一些特殊性，很多志愿者群体不去介入。从志愿者团体的身上，显露出社会组织对公共养老机构的关爱不足的问题，其导致了公共养老机构获得社会关注不足和资金来源仅仅依靠政府的局面。

7. 卫生条件差成为城乡接合部公共养老机构的首要问题

城乡接合部处于城区政府与农村政府管辖的"真空"地带，以致卫生监管不到位或根本没有卫生监管活动的情况，从而使卫生条件不达标等现象时常发生。卫生是最主要的问题，它直接关系到入住老人的健康问题，却也是管理公共养老机构的政府部门经常忽略的问题。除此之外，公共养老机构专业诊疗医生的不足也是制约城乡接合部公共养老机构卫生条件改善的一个重要因素。公共养老机构的卫生水平的低下，会导致入住老人健康率的下降以及幸福感的降低，从而导致公共养老机构社会声誉的下降。

六、结论与建议

经过项目分析，我们可以得到，目前城乡接合部的公共养老机构发展迅速，优势明显，但也实实在在地存在一些突出问题。我们针对项目分析中所呈现出来的问题，在项目组成员进行了激烈的探讨与论证后，并在指导老师的指导下，得出了相应的可行性建议，如下：

1. 加强顶层设计，完善相关的基础设施配置

从调研结果来看，目前公共养老机构存在的基础设施落后及相应配置不足的问题较为突出，制约着公共养老机构的发展。针对这一方面，建议由山东省政府相关部门或中央有关部门出台相关规定，加强顶层设计，以完善公共养老机构的基础设施为目标导向，不断增加支持力度，促进城乡接合部公共养老机构的健康有序发展。

2. 新建或改造政策，向城乡接合部区域倾斜

种种客观因素的存在，导致城乡接合部区域的公共养老机构大多位于偏远地区，其交通的相对闭塞制约发展壮大。为改善当前这一局面，建议从当地政府层面，增加道路方面的财政投入，加快对公共养老机构周边道路的拓宽以及硬化的进程，以促进周边交通的发展，结束当前公共养老机构交通闭塞的状态。并且，政策相应向城乡接合部区域倾斜，使之更加适合公共养老机构的发展。

3. 引进专业人才，对现有工作人员进行业务培训

城乡接合部区域的公共养老机构大多位于较为偏远的农村地区，工作人员大多为缺乏专业护理知识的农民，同时，也缺少具有专业诊疗资质的医生队伍，成为目前公共养老机构的现状。针对这一现状，建议一方面从城区人才市场引进相关护理专业的人才，并予以优越的福利条件；另一方面，经常对工作人员进行培训，提高工作人员专业水平，提高工作人员工资福利待遇，增强工作人员服务老人工作的积极性，使之能够真正造福于城乡接合部公共养老机构的入住老人，提升服务水平，让老人住得放心，住得舒心，住得安心。

4. 引入全新理念，丰富老人的休闲活动项目

随着经济发展的不断加快，文化娱乐活动缺失成为老人幸福感下降的主要原因，丰富文化娱乐项目是公共养老体系不断完善的重要方面。针对这一方面的内容，建议参考国内与国外成功的公共养老机构的例子，引入全新的服务理念，对现有公共养老机构的运行机制进行调整，一方面，建设基本健身、娱乐设施，与社工、志愿者机构建立密切合作，丰富入住老人的精神世界；另一方面，增加适合老年人的活动项目，比如：象棋、围棋、扑克等益智游戏，使老有所养的同时，可以实现老有所乐。

5. 加强爱老敬老教育，引起社会对老年群体关爱

传统爱老敬老美德的缺失，加上公共养老机构的特殊环境，使很多想要参加公共养老机构志愿服务的年轻人望而止步。这种现象普遍存在于志愿者团体中，也反映出当前社会组织对老年群体服务方面的缺乏。针对这一问题，建议

在中小学期间加强爱老敬老的教育，并且不断在公益广告中投放相关敬老爱老的视频，从而提升公民的道德素养，在全国范围内树立爱老敬老的风气，从而引起社会组织对公共养老机构的关注。

6. 设立监督委员会，加强公共养老机构的卫生监督

由于城乡接合部处于城区政府与农村政府管辖的"真空"地带，出现了卫生监管不到位或根本没有卫生监管活动的情况，这也成为部分公共养老机构卫生条件差的主要因素，除此之外，公共养老机构缺乏专业的诊疗医生也成为制约其健康发展的重要因素。针对这一状况，建议在市级政府成立专门的公共养老体系监督委员会，对目前的卫生条件等情况发挥必要的监督作用，并积极与市政府合作，提高公共养老机构的专业诊疗医生福利水平，从而全方位地保障公共养老机构的卫生条件，创造更加适宜的生活环境。

我国老年人口增加很快，老年服务产业发展还比较滞后。即使如上所说目前公共养老机构存在一些突出的问题，尤其是城乡接合部区域的公共养老机构。但是不可否认的，城乡接合部的公共养老机构确实是一项伟大的建设，它填补了城乡接合部地区基础设施存在的短板，使得距离实现城乡一体化的目标更近了一步，也使得距离实现伟大的中国梦更近了一步。

与此同时，我们也要不断完善制度、改进工作，推动养老事业多元化、多样化发展，让所有老人都能老有所养、老有所依、老有所乐、老有所安。并且养老机构要加强管理，增强安全意识，提高服务质量，让每一位老人都能生活得安心、静心、舒心，都能健康长寿、安享幸福晚年。

参文献

［1］何美圆．公共产品供给视域下我国民办养老机构的困境与路径选择［M］．北京：电子科技大学出版社，2012.

［2］邵晶．准公共物品角度下的公办养老机构服务定价对策研究［M］．上海：上海交通大学，2015，1—33.

［3］刘轶锋．混合公共物品、政府定位与养老机构发展［J］．新疆农垦经济，2016（08）：75—81.

［4］于潇．公共养老机构发展分析［M］．长春：吉林大学出版社，2001.6—11

［5］孔丹．山东省养老服务机构调查研究［D］．山东经济学院．博士学位论文，2001.

［6］关鑫.PPP 模式在养老机构建设中的应用研究［D］．东北财经大学，2013.

附录1 城乡接合部公共养老机构发展现状调查问卷

　　此份是调查有关城乡接合部公共养老机构的发展情况的问卷，旨在调查研究当前公共养老机构发展现状并提出合理化建议，为此，希望您可以认真填写。本次的调查数据仅供研究参考之用，不涉及您的隐私，感谢您百忙之中的支持与帮助，祝您生活愉快。

1. 您的性别是

A. 男　　　　　　　　B. 女

2. 您对公共养老机构有所了解吗？

A. 有过深入了解　B. 基本了解　　　C. 不了解

3. 您平时通过什么途径来了解养老机构的情况？

A. 闲谈议论　　　B. 书籍报刊　　　C. 实地考察　　　D. 其他

4. 通过了解，您认为敬老院发挥的作用有哪些？

A. 老有所养　　　B. 促进就业　　　C. 带动产业发展　D. 其他

5. 您认为公共养老机构赡养老人的收费标准？

A. 1000 以下　　　B. 1000—2000　　C. 2000—3000　　D. 3000 以上

6. 您会不会把家里老人送去敬老院？

A. 会　　　　　　B. 不会　　　　　C. 视情况而定

7. 您认为老人住养老机构的原因是？

A. 子女无法照顾老人

B. 敬老院为老人提供了愉快的生活环境

C. 敬老院的护理工作周到及时

D. 其他

8. 您认为目前敬老院主要存在哪些问题？（多选）

A. 敬老院工作人员专业性低

B. 敬老院生活条件差

C. 敬老院生活单调

D. 敬老院距离镇街中心较远

E. 入住之后收费过高

F. 其他

9. 您认为养老机构内部是否需要医生定期为老人体检？

A. 需要　　　　　B. 不需要

10. 您认为养老机构是否需要定期开展一些娱乐活动？

A. 需要　　　　　B. 不需要

11. 如果您选择一家养老机构，最关心的是什么？

A. 养老机构环境是否宜居

B. 工作人员护理是否细致周到

C. 老人文化娱乐活动是否丰富

D. 收取费用是否合适

12. 您对公共养老机构今后的发展有何建议？

图 8：项目组成员到达彩石镇政府并与民政部门负责人交流

图 9：项目组成员街访路人

图 10：项目组成员街访路人

图 11：项目组分发调查问卷

图 12：彩石镇十字路口发放问卷

图 13：项目组成员发放问卷

基于智能化生活条件下中国人
爱扎堆现象调查研究

团队负责人：谢爱红　　　　　　　　　　　指导教师：刘庆顺
团队成员：何芳淇、李好、彭清、董凡、王龙

一、项目目的

随着网络时代的来临，我国的网络建设快速发展，网络几乎全覆盖。网络的快速发展给人们的工作、学习和生活带来了深刻的影响。中国人由传统的现实扎堆方式向网络扎堆方式极速转变，工作当中要扎堆同事群，公司群，学习离不开专业群，生活当中离不开社区群，娱乐、健身、交友、购物等更是离不开网络。本项目通过实地观察、问卷调查以及访谈等方法，探寻中国人爱扎堆（所谓"扎堆"就是凑在一块儿）现象在智能化生活条件下转变的深层次原因，找出转变过程中存在的问题及引导途径，通过调查对中国人扎堆方式改变提供科学合理的调查报告。

二、项目内容

（一）项目背景

随着智能手机、电视的普及，中国人由传统的现实扎堆转向扎堆虚拟网络。在日常生活中和朋友扎堆在 QQ、微信等社交软件上聊天，在购物 APP 上扎堆团购，在论坛上扎堆对某一事件讨论，甚至抨击谩骂。而在这种近乎全民网络扎堆方式的大背景下，人们也遇到了许多问题，例如网络交友陷阱、网络诈骗、网络购物风险、信息爆炸、信息量大、盲目选择扎堆方式等诸多问题，所以如何去认识和接受网络扎堆，如何去规避网络扎堆风险，如何选择正确的扎堆方式等就成了我们需要研究和探讨的问题。

（二）项目概述

本项目基于智能化生活条件下，对中国人爱扎堆现象进行调查，通过实地观察、问卷调查以及访谈等方法，结合管理学的马斯洛需求层次理论，剖析智能化生活条件下农村、城市社区扎堆方式的改变；再利用文献调查法，了解现代人群居生活、乡土社会的差序格局、家本位思想等，探寻中国人爱扎堆现象在智能化生活条件下转变的深层次原因，找出转变过程中存在的问题及引导途径。

（三）项目创新点

（一）由前期文献查阅可知，很少有专家学者对中国人爱扎堆现象进行研究。

（二）爱扎堆是中国人特有的现象，并且中国人的扎堆方式随着智能化生活条件的发展正在极速转变。

三、项目方法

（一）以问卷调查和文献研究法为主，结合访谈法、实地调查法进行调研。

（二）以小组团队所在地的不同地区、不同性别、不同年龄段的农村和城市居民作为调查对象，通过问卷调查、实地访谈等方法，深入调查研究相关问题。

四、项目结果

通过对湖南、湖北、重庆、山东的南北方社区、高校以及其他各种场合的不同年龄段、性别（男女老少）以及农村、城市居民的实地调查，得出调查结果如下：

（一）性格倾向上，目前的中国内向内敛的居多，25岁以下的年轻人外向的居多。

（二）现实生活中，农村居民邻里亲戚朋友之间联系更为紧密，选择独处的比例很低，而在城市居民中，现实联系相对较少，但选择独处的比例也很低。

（三）智能化条件下，随着网络的普及，人们通过 QQ、微信等社交软件等参与人际交往的愿望不断加强。

（四）从上网时间上来看，根据调查人均周上网时间 29.75 小时，相当于每天上网 4.25 小时。上网时间因年龄段分，10 到 39 岁居民上网时间最长，其中 20 到 29 岁的居民上网时间最长，男女上网时间比例基本平衡。由此可以看出，居民上网已经成为"必需品"。

（五）从扎堆方式上来看，工作圈成为居民上网的必需，在工作中通过群协调沟通已经成为常态。生活圈成为居民的第二大选项，交友群、购物群，健身群、娱乐群、爱好群、社区信息群等已经成为居民广泛参与扎堆的圈子。

（六）智能化条件下，目前居民在扎堆进入圈子后遇到的问题。

1. 网络交友风险

"花篮托、酒托型"、"博取同情型""投资理财型""传销诈骗型"等成了主要的网络交友风险。

2. 网络购物风险

根据调查，反映出来的网络购物风险主要有如下七种：

（1）时间风险。

（2）交付风险。

（3）产品质量风险。

（4）服务风险。

（5）付款风险。

（6）隐私风险。

（7）信息风险。

（七）居民加入圈子的心理感受：据调查从众心理占到 60%，社交需求占 25%，群落习性占 15%。凸显网络普及后人们的从众心理。

五、项目分析

根据调研提纲，我们调研小组 6 名成员于 2017 年 7 月 20 日至 2017 年 8 月 20 日针对智能化生活条件下爱扎堆现象进行了调研，根据分工，以问卷调查和文献研究法为主，结合访谈法、实地调查法进行调研。以小组团队所在地的不同地区，不同性别，不同年龄段的农村和城市居民作为调查对象，通过问卷调查、深入调查研究相关问题。这次小组团队以所在地为调查地区，有湖南长沙市、湖北恩施市、重庆沙坪坝区、山东济南市，涉及不同性别，涵盖整个年龄段，地区跨越南北，每一地区都对农村和城市居民分别调查，共发放调查问卷近百卷，并同时做了访谈。因此我们有理由相信这次得到的调研结果是具有相当的可信度的。

（一）通过文献研究，了解古代人们爱扎堆现象的形成及发展变化以及所受的传统文化影响状况。

首先，费孝通在《乡土中国》中说，乡土社会是一个礼俗社会。在农业聚落，即乡村形成之后，由于人口缺乏流动性，农村生活具有很强的地方性，熟悉的人、土地、生活方式，一切都是周而复始的。在这种强烈的"熟悉性"下，乡土社会中人与人关系的交流并不是基于"对契约的重视，而是发生于对一种行为规范熟悉到不假思索时的可靠性"。乡土社会中，人们因彼此熟悉而相互信任，人与人的关系并不需要契约来保障。契约的强制只能滥觞于陌生人的关系之中。于是乡土社会逐渐演化为一个礼俗社会，而异于西方的法理社会。

在礼俗社会中，人与人之间的关系呈现为差序格局——以血缘或地缘关系为原则而延展出的同心圆体系，形成人与人之间的关系网络。简单说，差序格局就是一个以己为中心的推浪格局。差序格局与礼俗社会深刻影响了中国人的人际关系和社会风尚。在人际交往上，我们是同心圆式的人际关系，即我们爱跟与我们有血缘或地缘关系的人亲近，我们爱扎堆，但另一方面我们对于同心圆体系外的人，也很排斥——扎堆与排外本是一体两面。

其次，乡土社会中差序格局的人际关系模式，本就是圈子文化的土壤。当走出乡土进入陌生人社会时，当血缘和地缘关系的作用微乎其微时，中国人又发明了一种将彼此团结起来的模式，即圈子，圈子的核心特征是拟血缘化，就是所谓的义结金兰、称兄道弟，什么"一起扛过枪，一起同过窗"，"在家靠父母，出门靠朋友"，"多一个朋友多一条路"，把陌生人"血缘化"。这样一来，原本人与人之间的陌生关系就演变为如同兄弟、父子、乡亲一样的关系，在圈子里个体将重获乡土社会中的亲密、团结与互助。

但圈子之所以有如此大的魅力，可不仅仅是因为它唤起乡土社会的温暖体验，更在于它有利可图。陌生人组成的圈子，常常是不同资源的交汇和整合，每个人都很容易发挥比较优势，使整个圈子内部优势互补，有福同享有难同当。你拉我一把，我拉你一把；你遇到什么棘手的难题了，我帮你摆平；你有什么需要，我也尽量满足……正因为圈子具有核聚能量、相互保护的特点，很多人削减脑袋都想挤入某些圈子。

隐藏在扎堆的表象下的，是从众心理和个性追求的缺失以及一种强烈的归宗意识和深刻的求同意识。

从众心理，中国人的从众心理是根植在骨子里的。鲁迅在《经验》中写道："在中国，尤其是在都市里，倘使路上有暴病倒地，或翻车摔伤的人，路人围观或甚至高兴的人尽有，有肯伸手来扶助一下的人却是极少的。"从众心理，还有三点原因：一是认为多数人认为对的一定是对的；二是怕不跟随会吃亏；三是懒得思考，随大流最安全。

如果说从众心理是身体上的扎堆，那么个性缺失则是精神上的扎堆。为什么在思想上扎堆，因为只有扎在一个堆里才是安全的，中国自古就有枪打出头鸟、风摧秀林木的老话，不仅针对行动，更是针对思想。

精神上的扎堆比身体上的扎堆严重。精神上的扎堆，使得人们既在生活上不敢离群、不敢索居，也在工作上不敢标新、不敢立异，更在思想上不敢独闯、不敢冒进。几千年来，中国的士人、中国的学者、中国的知识分子，不论做学问还是写文章，不管论证自我还是批驳他人，必然有一种强烈的归宗意识，一种深刻的求同意识，并最终转变为一种扎堆意识。

（二）通过调查问卷，针对人们的性格倾向、对现实生活的满意度、上网时间、交友方式、扎堆方式、扎堆心理感受、在网络扎堆圈子过程中遇到的问题、进一步融入圈子需要的成本及影响因素、参加圈子后的感受等问题进行调查问卷的设计。

本次调查采用实地调查和网上调查两种方式，实地调查发放问卷 75 份，实收 75 份，网络调查问卷实收 53 份，对湖南、湖北、重庆、山东等地的南北方社区、高校以及其他各种场合的不同年龄段、性别（男女老少）以及农村、城市的居民的实地调查和网络调查。

1. 样本基本情况

基本情况的调查，具体项目包括性别、婚姻状况、年龄、家人陪伴状况、地区、户籍状况、职业、受教育程度、月薪水平九个方面，发放后回收的问卷经过统计分析具体如表 1 所示：

表 1：受访者基本情况统计

项目	样本分布	样本数（人）	所占比例（%）	总计
性别	男	66	51.6	128
	女	62	48.4	
婚姻状况	未婚	51	39.8	
	已婚	77	60.2	
年龄	20 岁以下	18	14.1	
	20—30	54	42.2	
	30—50	45	35.2	
	50 岁以上	11	8.5	

项目	样本分布	样本数（人）	所占比例（%）	总计
家庭居住地	省级城市	31	24.4	
	地级市	28	21.6	
	县级市	30	24.1	
	乡镇	39	29.9	
户籍	农村户口	39	29.9	
	城市户口	89	70.1	
职业	农民	39	29.9	
	工人	28	21.8	
	医生教师、科研者	18	14.1	
	机关干部、公务员	12	9.3	
	律师、工程师	11	8.6	
	个体经营者	9	7	
	军人	6	4.7	
	下岗失业人员	5	4.6	
受教育程度	小学	8	6.2	
	初中	17	13.2	
	高中或中专	28	21.8	
	大专	31	24.2	
	大学本科	41	32.1	
	研究生及以上	3	2.5	
月薪水平	1000—2000	17	13.5	
	2000—3000	27	20.9	
	3000—4000	29	22.9	
	4000—5000	27	21.6	
	5000 以上	28	21.1	

　　从表中数据得出，（1）样本中男性占 51.6%，女性占 48.4%，此次调查中男性占比重稍大。（2）样本中来自审计城市、地级市、县级市和乡镇的分

别占 24.4%、21.6%、24.1%、29.9%。（3）来自农村的占 29.9%，来自城市的占 70.1%。（4）样本中农民和工人的占比较重，分别为 29.9%、21.8%，其他机关干部、公务员占 9.3%，律师、工程师占 8.6%，个体经营者占 7%，军人占 4.7%，下岗失业人员占 4.6%。（5）从受教育程度看，小学仅占 6.2%，初高中占比分别为 1.2%、21.8%，大中专、大学本科占比较重分别为 24.2%、34.1%，研究生及以上仅占 2.5%。（6）从月薪水平来看，2000 以下的仅占少数，其他占比基本都差不多，这也符合我国目前的收入状况。

2. 调查相关因素分析

通过调查问卷，针对人们的性格倾向、对现实生活的满意度、上网时间、交友方式、扎堆方式、扎堆心理感受、在网络扎堆圈子过程中遇到的问题、进一步融入圈子需要的成本及影响因素、参加圈子后的感受等问题进行调查问卷的设计。根据回收的 398 份调查问卷的统计结果，分析如下：

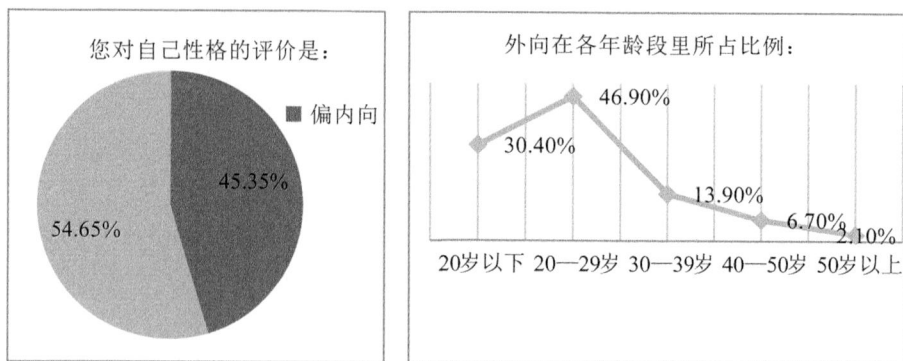

图 1：性格倾向及年龄占比

由图中数据可以看出，中国人的性格特点还是以内向内敛的居多，25 岁以下的年轻人外向的居多。这也是与中国人的传统的低调沉稳性格相吻合，90 后的年轻人更易受现代文化的影响而表现出更为活跃的外向型性格特点。

图 2：人们对现实生活的满意度

根据统计数据来看，国人72%的居民是对现实生活满意的，这充分说明目前随着中国经济的发展，人们的生活水平得到了很大提高，物质生活水平得到极大改善，同时精神生活的追求也日趋强烈。

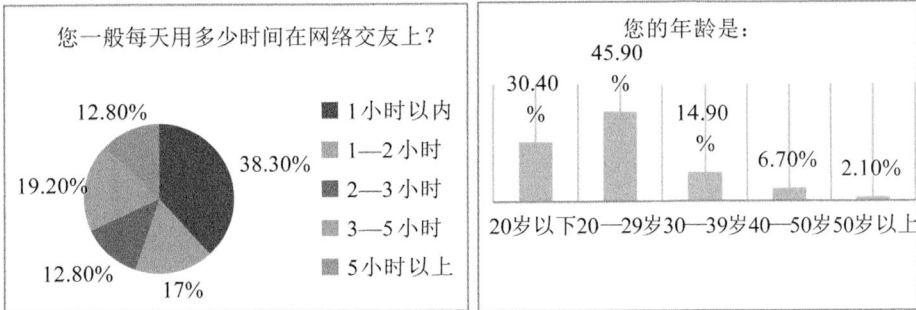

您一般每天用多少时间在网络交友上？

12.80%
38.30%
19.20%
12.80%
17%

■ 1小时以内
■ 1—2小时
■ 2—3小时
■ 3—5小时
■ 5小时以上

您的年龄是：

30.40%
45.90%
14.90%
6.70%
2.10%

20岁以下 20—29岁 30—39岁 40—50岁 50岁以上

图3：人们的上网时间调查

根据调查，人均周上网时间29.75小时，相当于每天上网4.25小时。上网时间因年龄段分，10到39岁居民上网时间较长，其中20到29岁的居民上网时间最长，男女上网时间比例基本平衡。由此可以看出，居民上网已经成为"必需品"。

对交友方式的调查分为四个选项，包括传统交友、经朋友介绍、社会活动交友、网上交友，统计数据如下图：

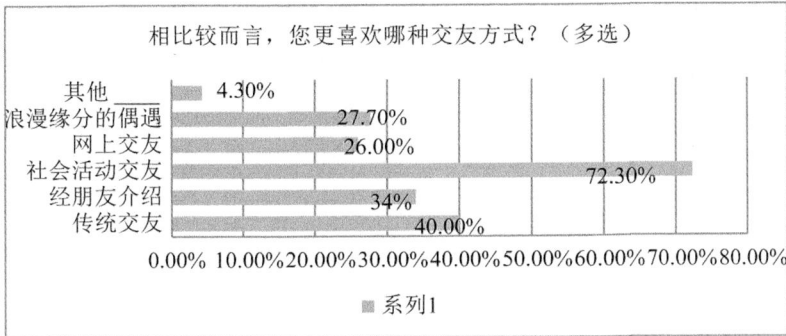

相比较而言，您更喜欢哪种交友方式？（多选）

其他 4.30%
浪漫缘分的偶遇 27.70%
网上交友 26.00%
社会活动交友 72.30%
经朋友介绍 34%
传统交友 40.00%

0.00% 10.00% 20.00% 30.00% 40.00% 50.00% 60.00% 70.00% 80.00%

■ 系列1

图4：交友方式的调查

传统交友比例仍占40%。网络交友比例占26%，由此可以看出，网络交友现在已经成为人们重要的交友手段。随着社交软件的不断发展和多样化，网络交友成为一个很简单的事情，交友方式正在由传统交友向网络交友转变。

问卷设计中对人们目前扎堆方式的调查分为七个选项，包括网络聊天、工作群、生活群、网购、户外运动、聚会、传统面对面的棋牌游戏、网络游戏以及其他九个选项，对人们参与扎堆方式的参与度的计量，本研究采用里克特的五分制计分，1 分表示"很低参与度"，2 分表示"低参与度"，3 分表示"中等参与度"，4 分表示"高参与度"，5 分表示"较高参与度"，本文对于人们参与各种扎堆方式的参与度进行了描述性统计分析，以更好地对人们参与扎堆方式的参与度进行一个大题的把握，具体统计数据如表 2 所示：

表 2：人们扎堆方式调查统计

扎堆方式	参与度	最小值	最大值	均值	标准差
网络聊天	5	3	5	4.2634	0.84365
工作群	5	4	5	4.5498	0.87368
社区群	5	4	5	4.32587	0.84231
网购	5	2	5	3.7542	0.74154
户外运动	5	2	5	3.4574	0.79412
聚会	5	1	5	3.8046	0.82235
传统面对面的棋牌游戏	5	1	5	1.3574	0.25684
网络游戏	5	3	5	4.6532	0.89625
其他	5	1	5	1.2487	0.28451

本量表对受访者参与各种扎堆方式的参与度现状进行了分析，该量表中对每个项目的得分介于 1—5 分之间，所以 3 位各评价指标中的中等强度值。根据表中数据及访谈情况分析如下：

从扎堆方式上来看，工作圈成为居民上网的必需，在工作中通过群协调沟通已经成为常态。在农村，进城务工是农民谋生的主要手段，而来到大城市务工，现在没有一个务工圈是绝对不行的，通过务工圈、老乡圈才能找到合适的务工信息，找到适合自己的务工圈子，进而形成一个自己的区域性务工圈。而在城市，工作圈几乎成了大家安排、协调、沟通工作的必备工具。

生活圈成为居民的第二大选项，交友群、购物群，健身群、娱乐群、爱好群，社区信息群等已经成为居民广泛参与扎堆的圈子。

网络交友现在几乎涵盖整个年龄段，已经成为人们重要的交友方式。购物群现在更是快速发展。这种足不出户的购物方式更是得到了年轻人的喜爱，几乎 98% 的受访年轻人都有过网购经历。而 40 岁以后的居民网上购物的比例也达到了 60%，由此可见，网络购物已经成为人们的重要购物方式。而且不仅是购物，物品置换也是网络群体特有的优势，通过网络人们可以用自己不需要的物品去置换自己需要的物品，成了一种独特的购物方式。

而健身群更是现在中老年人的最爱，通过网络联系，现在形成的大妈广场舞、暴走团，已经成为中国特色的健身群体。而年轻人的健身群更是成为他们相互交流健身方式、健身经验的主要方式。

娱乐群。根据调查，现在的年轻群体已经成为网络游戏圈子的主体。娱乐方式正逐渐由传统的面对面的棋牌游戏向网络游戏转变。通过调查，如图所示：

传统游戏仅仅占到了 15% 的比例，网络游戏则占到了 70%。从群体分布来看，年轻人喜欢大型网游，中老年人和女性群体则喜欢玩一般的游戏。

社区信息群。据调查，社区信息群已成为人们了解社区信息，获取社区服务的主要的扎堆圈子。通过社区群，不但可以时刻关注社区信息动态，而且家里几乎所有出现的问题，比如漏水、线路维护等都可以在信息群里找到合适的服务，已经成为人们日常生活必需的工具，由此可见，智能化条件对人们的生活有多大的改变。

智能化条件下，目前居民在扎堆进入圈子后遇到的问题

在智能化条件下，人们扎堆进入圈子遇到的问题主要集中在网络交友和网络购物两个方面。主要表现在财产损失、时间损失、质量缺陷、服务问题、隐私泄露、信息泄露者几个方面。根据问卷和访谈的结果，数据统计如表3：

表3：人们扎堆进入圈子遇到问题调查统计

风险因素		未遇到（%）	遇到未被骗（%）	遇到被骗过（%）
网络交友	花篮托、酒托型	32	49	19
	博取同情型	23	64	13
	投资理财型	17	72	11
	传销诈骗型	63	34	3
网络购物	时间风险	12	78	10
	交付风险	91	0	9
	产品质量风险	26	59	15
	服务风险	34	60	6
	付款风险	78	0	22
	隐私风险	85	0	15
	信息风险	87	0	13

根据调查，人们在扎堆进入圈子后所遇到的问题主要有以下风险：

（1）网络交友风险

根据调查得知主要有如下四种类型

A. "花篮托、酒托型"。不法分子在获得对方信任之后，谎称自己的新店开张，为了得到更多亲人朋友的认可，需要对方赠送几个花篮，并提供相应账号要求汇款到指定账户进行购买，一旦对方购买，就立即消失。

B. "博取同情型"。此种类型被骗者男性居多，不法分子大多在网络上以美女照片进行诱惑，在之后的聊天当中会表现得温柔软弱、楚楚可怜，不停以生活中遇到各种困难为借口向对方索要金钱，达到一定金额后，就无法再取得联系。

C. "投资理财型"。不法分子往往称自己是做金融行业的"高富帅"，锁定好受害人的目标后，会主动向其献殷勤，送一些小礼物或鲜花，博取对方的好感和信任，之后就谎称自己可以帮助对方进行投资理财或是股票投资等金融项目的操作，在对方上当汇款之后就立即消失。

D. "传销诈骗型"等成了主要的网络交友风险。不法分子假借照片和高收入迷惑对方，然后以见面为由，骗受害人进行传销培训，并不断诱惑其缴纳加盟费或强迫其发展下线。

（2）网络购物风险

根据调查，反映出来的网络购物风险主要有如下七种：

A. 时间风险。指购买时间与如果购买失败所花费的时间。由于网购的送货方式主要是邮寄，从网上下订单到收到货物的时间可能过长。消费者还要自己取货，会浪费时间和精力。

B. 交付风险。指对产品不能交付或交付的时间过长。货物可能在运送途中丢失，导致得不到货物，且异地送货过程中可能造成商品的损坏。

C. 产品质量风险。指对产品质量的失望，例如产品不好用或是假货。由于消费者不能亲自查看和试用商品，网络上对商品功能、质量、颜色等信息的描述和实际商品可能出现差异，导致购得的商品与期望中的商品相差甚远，也许还会购到假冒伪劣产品。

D. 服务风险。指如果产品出现问题，维修和退换服务所带来的失望。退换网上选购的商品可能会很麻烦，还需承担双重运费。如果网上购买的商品坏了，修理维护等售后问题可能得不到保障。

E. 付款风险。指在互联网上输入信用卡账号所带来的风险。网上支付失败可能会造成货款的丢失，黑客可能盗用您的信用卡数据，会造成更大的金钱损失。

F. 隐私风险。指消费者的个人隐私可能遭到侵犯。消费者在零售网站上填写的个人信息，可能会泄露给其他一些公司或个人。这些网上公司可能会在没经允许的情况下联系本人。

G. 信息风险。指网站所发布的商品信息的可信性。有些网站提供的零售公司可能是不存在的，或者提供的产品信息是夸大的，甚至是虚假的信息。

（3）居民加入圈子的心理感受

据调查从众心理占到60%，社交需求占25%，群落习性占15%。凸显网络普及后人们的从众心理。从众心理的存在导致人们在选择扎堆方式时会盲目听从别人的建议，随意加入圈子，觉得不加入就会吃亏，随大流最安全，自己不爱好甚至不需要的网络圈子也要加，这样就导致了自己对所选择的扎堆方式认识不足，不能预估存在的安全风险，而且信息量的膨胀也给自己造成了思想和心理上的负担。

（4）扎堆进入圈子时的影响因素分析

经过调查，随着人们扎堆方式的多样化，加入的圈子越来越多，信息容量越来越大，人们需要处理的信息量越来越多，出现处理滞后甚至影响到了正常的工作、学习和生活，严重的可能成为一种思想负担。所以在问卷设计上，主要考虑了五个影响因素，包括时间、精力、经济条件、个性、能力。对这五个影响因素，人们的关注度的计量，本研究也采用里克特的五分制计分，1分表示"很不关注"，2分表示"不关注"，3分表示"中等关注"，4分表示"高关注"，5分表示"较高关注"，本文对于人们扎堆进入圈子的影响因素进行了描述性统计分析，以更好地对影响人们扎堆进入圈子的因素方式进行一个大体的把握，根据问卷调查和访谈的结果，数据统计如表4：

表4：人们扎堆进入圈子的影响因素调查统计

影响因素	关注度	最小值	最大值	均值	标准差
时间	5	3	5	4.2659	0.84521
精力	5	3	5	4.5823	0.87416
经济条件	5	2	5	3.2457	0.76593
个性	5	1	5	2.1472	0.26835
能力	5	1	5	2.6548	0.35418

本量表对影响受访者扎堆进入圈子的因素进行了分析，该量表中对每个项目的得分介于1—5分之间，所以3位各评价指标中的中等强度值。根据表中数据及访谈情况分析如下：

基于表中数据，可以看出人们在加入圈子时首先考虑的是时间和精力这两个因素，其次是经济条件，而对于个性和能力这两个因素考虑得较少，关注度不高。这也反映出在当今快节奏的生活中，时间和精力是人们首先考虑的问题，经济条件已经不是首先要考虑的因素，反映出人们生活水平的不断提高。至于个性和能力这两个因素在虚拟网络条件下，也不再有很高的关注度。

结论与建议

（一）结论

1. 通过查阅相关文献资料并分析研究，中国人爱扎堆是中国人独有的性格特点，是基于中国传统文化中的礼俗关系而逐步形成和发展起来的。从最初的礼俗关系逐渐发展成为今天的生活圈子，融合在圈子中，找到存在感，在人际交往的过程中感受亲情、友情，并互相帮助、扶持。同时逐步丰富个体的生活，获取信息，满足个体工作、学习、生活的需要。

2. 今天，在智能化生活条件下，网络、手机已经很普及和发达，不论农村地区还是城市，上网已经成为人们的一种习惯和工具。

3. 人们通过网络加入圈子去处理工作、学习和生活中的各种问题，已经成为常态。城市居民各个年龄段的人们都有自己的圈子，而在农村地区略有差别。由于农村地区存在的特有的外出务工现象，18 到 60 岁的农村居民都有自己的务工圈、生活圈。而 60 岁以上的老人通过网络形成自己的圈子的只占 10%左右，由于年轻人外出务工要承担繁忙的农活等各种因素制约了他们通过网络形成圈子的可能性，更多的是现实生活中亲戚、邻居和朋友之间的交往形式。

4. 从众心理是人们在智能化条件下加入圈子的主要因素。工作当中人们有工作群，领导在群中发布信息、通知，如果你不加入这个圈子，你就不能很好地获取工作信息，不能及时了解工作动态。社区群有社区的相关服务信息，比如停电、停水、缴费、服务等各种信息，你不加入就不能及时掌握信息；网络购物圈现在已经成为人们购物的重要手段，通过圈子交流，获取购物信息，往往能购买到价格实惠、质量可靠的商品，如果你不加入，往往就出现多花了钱，还费时费力的情况；许多人通过网络交友找到了自己的知己甚至另一半，生活过得丰富多彩，如果你不加入网络交友圈子，你也会感觉自己没有适应现在的智能生活，也许就错过了你生活中的知己、错过了对你有帮助的贵人；同样，娱乐圈子、健身圈子等等也是一个道理。所以从众心理仍然是人们扎堆进入圈子的主要心理因素，是工作，学习和生活中的必需。

5. 智能化条件下爱扎堆进圈子已经成为普遍现象。同时在加入圈子的过程中，人们都或多或少地都遇到过网络安全风险问题。突出表现在网络交友和网络购物两种情况扎堆的方式上。网络交友主要存在的风险就是轻易相信陌生人，被骗取财物；网络购物群存在的主要风险体现在时间风险、交付风险、产品质量风险、服务风险、付款风险、隐私风险、信息风险上。

6. 经过调查，随着人们扎堆方式的多样化，加入的圈子越来越多，信息容量越来越大，人们需要处理的信息量越来越多，出现处理滞后甚至影响到了正常的工作、学习和生活的问题，严重的可能成为一种思想负担。比如就目前普遍存在的"家长微信群"，现在已经成了每个班级不可缺少的交流平台，由于交流的便利和无孔不入，孩子表现不好被曝光、过度示好老师、过度叮咛老师等问题，也使老师和家长平白增添了诸多烦恼。家长必须时刻注意群里通知和信息，稍有耽误，就赶不上别的孩子的家长。这几乎成了家长和老师的一个思想负担。而这仅仅是人们生活中一个圈子，如何选择合适的扎堆圈子，保证圈子信息的合适容量并能及时处理也是摆在人们面前的重要问题。

（二）建议

根据以上分析和结论，经过小组全体成员研讨，提出以下建议：

1. 在选择扎堆方式上，要根据自己的时间、精力、爱好、经济条件、工作性质选择合适的圈子。在这些因素中，时间是首要考虑的因素，其次是工作性质、爱好，经济条件等因素。工作阶段首先要维护好自己的工作圈子、人脉圈子，业余时间根据自己的爱好、精力和经济条件选择合适的交友圈、娱乐圈、健身圈等，不能透支精力，不能参与超出自己经济条件的圈子，总之，在选择扎堆方式上，要给自己立"规矩"。

2. 中国人的从众心理根深蒂固。在扎堆进入圈子时，从众不等于盲目，不要人云亦云，盲目跟风，随意听从别人意见加入圈子，要擦亮眼睛，多了解相关知识，根据自身要求，选择自己合适的圈子。

3. 在网络交友圈子中，要谨言慎行，不可随意泄露个人信息，及时了解当前网络交友中的安全风险因素，规避潜在的安全风险，保障个人财产安全，自尊自重，保证自身名誉不收影响。

4. 当扎堆在网络购物圈子中时，更是要充分认识到网络购物的安全风险，全面考察好商家的信誉，多做比较，规避网络购物中存在的时间风险、产品质量风险、付费风险、服务风险、付款风险、隐私风险、信息风险。

5. 每个人的时间、精力都是有限的，我们选择加入圈子最终的目的是能够更好地去工作、学习和生活。这就需要我们选择加入合适的圈子，保证圈子信息的合适容量，圈子多而乱，圈子信息爆炸，无疑就成了一种负担，这就违背了加入圈子的初衷，甚至直接影响了我们正常的工作、学习和生活。

所以，有重点地加入需要的圈子，保证合适的圈子信息容量是前提。规避被"QQ群""微信群"绑架的风险，不要使之成为我们的负担。我们要充分认识到一个事实，那就是网络工具不是万能的，它只能承担我们工作、学习和生活中沟通交流的部分功能，它的优势只在于及时传递信息。

6. 扎堆进入圈子不是我们感觉到的那么简单随意的事情，它已经成为一种独特的文化。这就需要我们要去理解，去学习这种文化。那么加强学习就成为必要。通过学习，去理解这种中国人独特的性格特点，准确把握各种圈子与我们工作、学习、生活的关系，充分认识各种圈子存在的风险，从而合理选择扎堆方式，保证合适的圈子信息容量，游刃有余地轻松学习、工作和生活，才是健康的扎堆，有益的扎堆。

总之，我们小组团队经过这次社会调研活动，学到了很多书本上学不到的知识。学会了如何去做调研，熟悉了调研流程，锻炼了自己各方面的能力，特别是自己的沟通能力，在社会上要善于与别人沟通交流。如何与别人沟通，这门技术需要长期的练习。为今后更好地去做社会调研活动积累了经验，打好了基础。同时，也使自己充分认识到了团队合作的重要性，人与人之间合力去做事，在其做事的过程中更加融洽，事半功倍。别人给你的意见，你要听取，而且要耐心、虚心地接受，这样大家才能合力做好任何事情。

精准扶贫背景下的农村医疗卫生状况调研
——以花园村为例

团队负责人：曹文　　　　　　　　　　　　　　指导教师：吴立忠
团队成员：孔滕、张钰婕、张士鑫、齐冰洁

一、项目目的

为深入贯彻落实党的十八大、十八届三中、四中全会精神和习近平总书记关于扶贫开发系列重要讲话精神，把扶贫开发作为重大政治问题、重大发展问题、重大民生问题，省委、省政府将实施精准扶贫。精准脱贫作为我省的工作大局和中心任务，计划提前两年完成脱贫任务。作为当代大学生，我们积极响应国家和省委的号召，下乡对贫困的乡村进行扶贫政策的讲解，并做好扶贫相关问题的调研，以及协助当地相关部门做好精准扶贫。在为农村脱贫贡献我们绵薄之力的同时，自身素质与专业学习能力方面也将得到提高。

二、项目内容

现阶段，农村常驻居民文化知识水平相对偏低，对很多扶贫政策缺乏了解，目前享受的国家补贴和福利较少。希望运用专业优势对当地居民进行相关政策的解读，使得当地居民能够更好地了解当前利于他们生活发展水平提高的国家扶贫政策等，并结合居民的反馈情况和当地实际情况向当地相关部门反映，以做好精准扶贫、一对一帮扶等。农民看病难、看病贵现象广泛出现，保证农村卫生事业的发展，也是三下乡中卫生下乡的重要内容，我们采取发放调查表、调查问卷，深入乡镇卫生院、村卫生室开展座谈，走访农户等方式，对以后花园村为例农村医疗卫生状况进行专题调研。

三、项目方法

本次调研主要采用问卷调查法，发放调查问卷 200 份。运用调查问卷并辅以访谈的方式，全面、系统和直接地搜集有关农村医疗卫生状况的第一手资料，通过对资料的整理、分析，运用统计方法进行描述。

四、项目结果

问卷回收基本情况：问卷回收了 185 份，回收率为 92.5%，其中有效问卷为 151 份。其中男性有 71 人，女性有 80 人，女性人数稍多于男性。

（一）样本农户基本情况的统计描述

1. 年龄

从年龄的分布来看，78% 的被调查者年龄在 30—60 岁，且在 31—40 岁、41—50 岁、51—60 岁各阶段分布较均匀，这较符合人口分布的特点，对各年龄段都有较好的代表性。

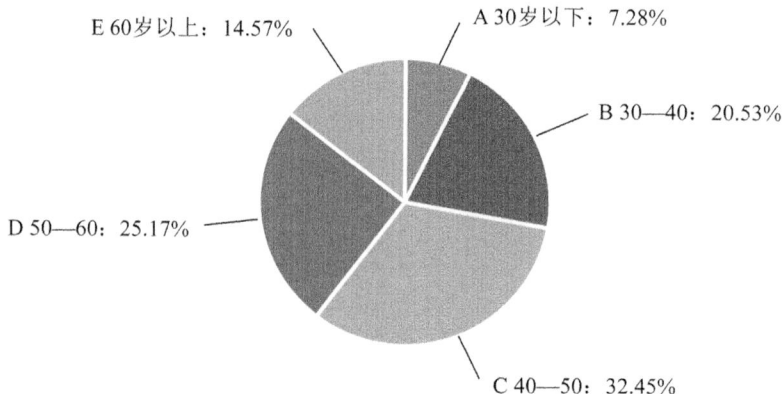

E 60岁以上：14.57%
A 30岁以下：7.28%
B 30—40：20.53%
D 50—60：25.17%
C 40—50：32.45%

图 1：被调查者的年龄分布情况

2. 文化程度

在文化程度上，小学及以下占了 73.5%，文化程度的较低水平在一定程度上会导致其对国家政策，尤其是涉及自身的脱贫政策，以及新农合制度的认识较少，从而导致脱贫困难。

A 高中以上文化程度：7.95%

B 初中文化程度：18.54%

C 小学以下文化程度：73.51%

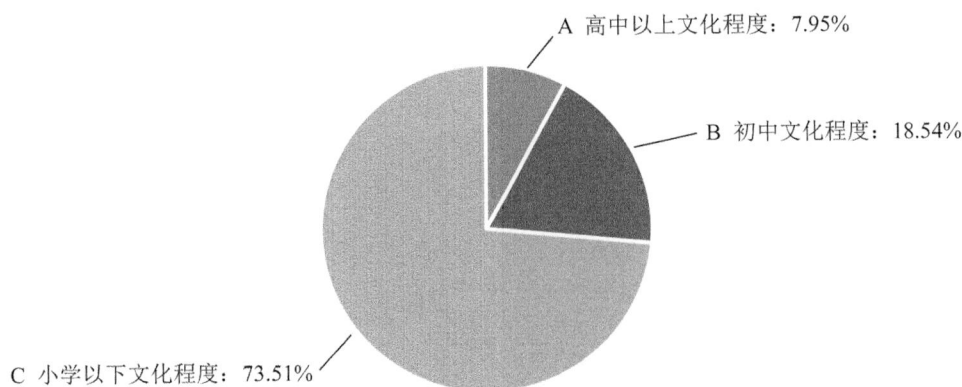

图 2：被调查者的文化程度情况

3. 家庭收入

从调查结果来看，菏泽市单县黄冈镇后花园村家庭人均收入低于 1000 元的被调查采访的常驻居民占 67.55%。不得不承认，相对较低的收入也是造成"看病难、看病贵"这一问题的原因，农民的微薄收入所带来的巨大经济压力使他们负担不起较为高昂的医疗卫生服务费用。

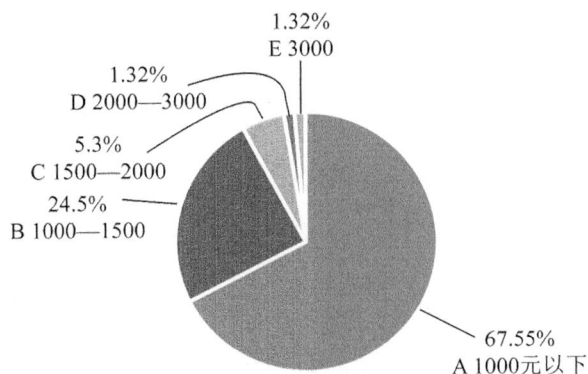

1.32%
E 3000

1.32%
D 2000—3000

5.3%
C 1500—2000

24.5%
B 1000—1500

67.55%
A 1000元以下

图 3：被调查者的收入情况

（二）当前农村医疗的基本情况

1. 村内有无证诊所或卫生院

诊所与人们的日常生活是息息相关的，但是根据采访调查的数据显示，在被采访对象中仍有 27.15% 的居民表示不清楚村内是否设有诊所甚至认为根本没有诊所，这说明了乡村诊所的存在感太低，究其原因应该是乡村诊所的卫生医疗服务状况不容乐观。

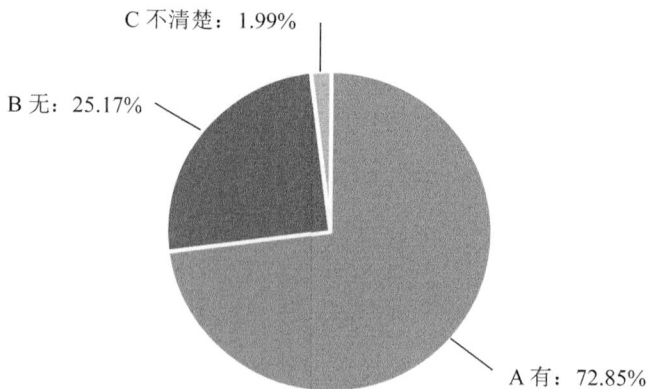

图 4：被调查者对村内诊所的了解情况

2. 所在地区的医疗价格水平

在医疗价格水平的问题上，有 61.59% 被调查对象表示医疗价格水平偏高，根据前面所提到的农村人均收入水平较低可能是造成"看病贵"问题的一个影响因素，由于农村的这种特殊性，政府还应该加大对于农村地区居民，尤其是贫困家庭的就医优惠政策，缓解就医给农村家庭带来的经济负担。

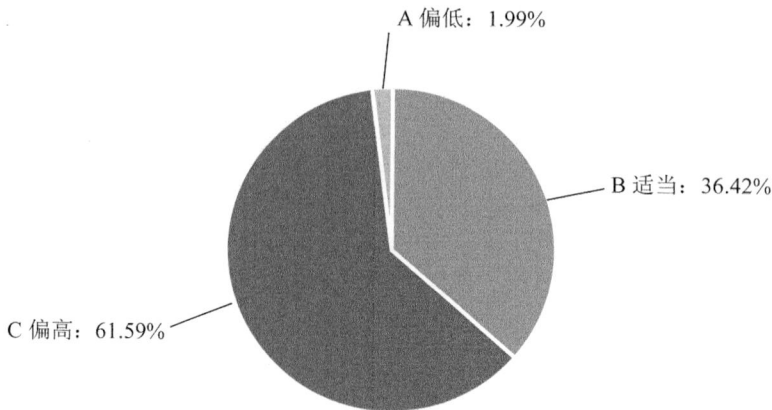

图 5：被调查者对于所在地区的医疗价格水平的认识

3. 选择地区看病的最主要原因

在选择地区看病的最主要原因这一问题上，有 51.66% 的被采访居民表示选择看病地点取决于医生水平，37.09% 的被采访居民表示看重医疗价格。这说明在注重农村地区的医疗卫生价格的同时也要兼顾医疗卫生水平。

C 其他：11.26%

A 价格低：37.09%

B 医生水平高：51.66%

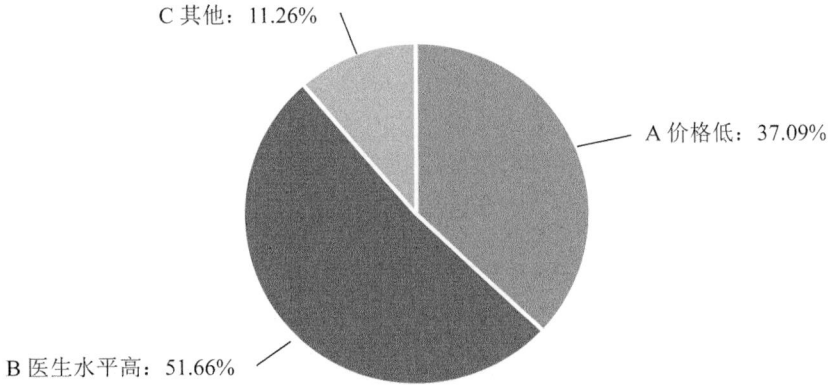

图6：被调查者选择地区看病的原因

4. 药价虚高的情况

从图表上不难看出，54.97%的被调查居民表示存在药价虚高的问题，而27.15%的被调查居民在药价是否虚高的问题上，回答模糊，只有极少的17.88%的被调查居民表示不存在药价虚高的问题。新型农村合作医疗在实施的过程中，一方面要普及相关的条例，另一方面政府部门也应该加强对医院的监管，避免政策"烂尾"让群众真正放心。

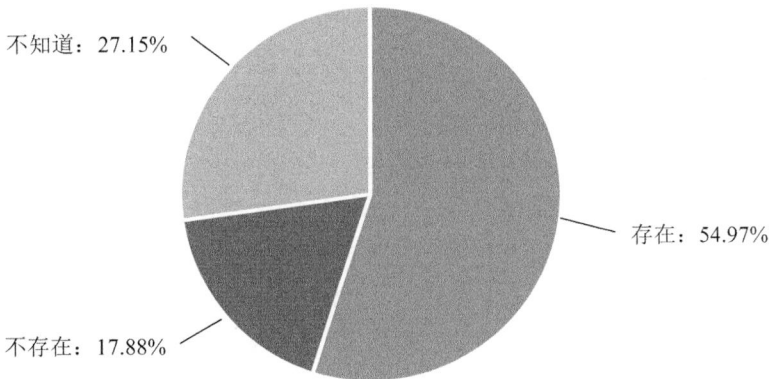

不知道：27.15%

存在：54.97%

不存在：17.88%

图7：居民对药价虚高情况的了解

5. 所在的村里是否有紧急医疗救护预案

关于村内是否有紧急医疗救护预案这一问题，79.47%的被调查居民表示不知道，这说明关于新型农村合作医疗的具体落实还是不到位，乡村的医疗卫生服务以及紧急医疗救护状况还有待改善。

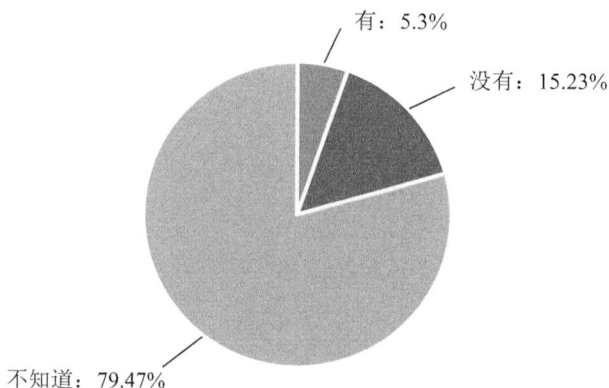

有：5.3%

没有：15.23%

不知道：79.47%

图 8：被调查居民对村内紧急医疗救护预案的了解情况

（三）关于新型农村合作医疗的情况

1. 新型农村合作医疗制度的知晓情况

关于新型农村合作医疗制度的知晓情况，由图可以看出，大多数的农民对新农合政策都已经知晓。但也有 10% 的人不知道，说明新农合的宣传依然需要加大力度。

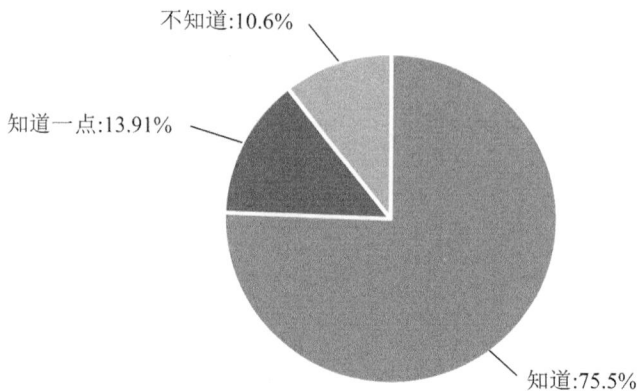

不知道:10.6%

知道一点:13.91%

知道:75.5%

图 9：被调查者对新型农村合作医疗制度的知晓情况

2. 新农合的参合率

新型农村合作医疗制度的参合率仅有 50%，作为一项惠民福利政策，受惠人数较少，说明该地区应该加大宣传力度，促进新农合的参合率，保障民生。

不清楚：8.61%

没有：40.4%

有：50.99%

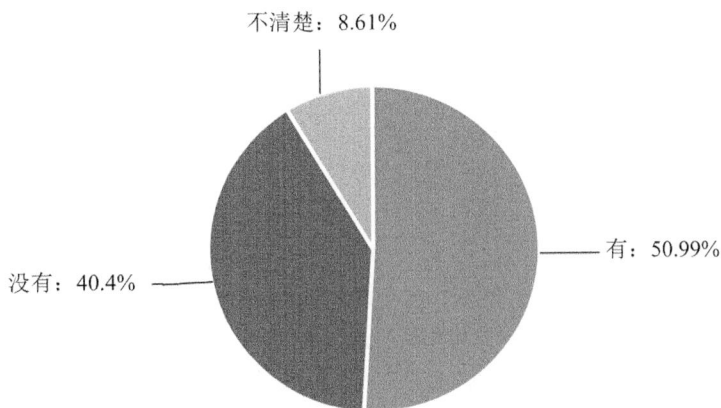

图10：被调查者新农合的参合率情况

3. 了解医疗保险的报销范围

关于参合农民对新农合报销政策的了解，由图可以看出，接近一半的农民表示不知道，知道的人仅占到15%，可见大多数的农民对新农合报销政策都不了解，这反映目前农民对政策的具体实施内容非常缺乏了解。

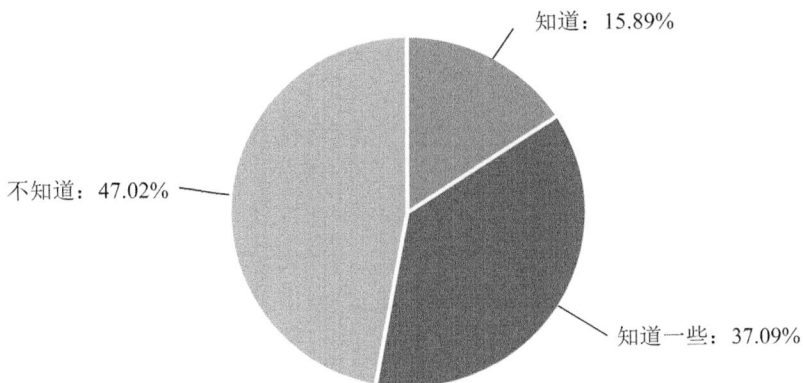

知道：15.89%

不知道：47.02%

知道一些：37.09%

图11：被调查者对医疗保险的报销范围的知晓情况

五、项目分析

（一）样本农户基本情况的统计描述

1. 年龄

从年龄的分布来看，78%的调查者年龄在30—60岁，且在31—40岁、

41—50 岁、51—60 岁各阶段分布较均匀，这较符合人口分布的特点，对各年龄段都有较好的代表性。

2. 文化程度

文化程度上，小学及以下占了 73.5%，文化程度较低在一定程度上会导致其对国家政府政策尤其是涉及自身的脱贫政策以及新农合制度的认识较少，从而导致脱贫困难。

3. 家庭收入

从调查结果来看，菏泽市单县黄冈镇后花园村家庭人均收入低于 1000 元的被调查采访的常驻居民占 67.55%，不得不承认，相对较低的收入也是造成"看病难、看病贵"这一问题的原因，农民的微薄收入所带来的巨大经济压力使他们负担不起较为高昂的医疗卫生服务费用。

（二）当前农村医疗的基本情况

1. 村内有无证诊所或卫生院

诊所与人们的日常生活是息息相关的，但是根据采访调查的数据显示，被采访对象中，仍有 27.15% 的居民表示，不清楚村内是否设有诊所甚至认为根本没有诊所，这说明了乡村诊所的存在感太低，究其原因应该是乡村诊所的卫生医疗服务状况不容乐观。

2. 药价虚高的情况

从图表上不难看出，54.97% 的被调查居民表示存在药价虚高的问题，而 27.15% 的被调查居民在药价是否虚高的问题上，回答模糊，只有极少的 17.88% 的被调查居民表示不存在药价的虚高问题。新型农村合作医疗在实施的过程中，一方面要普及相关的条例，另一方面政府部门也应该加强对医院的监管，避免政策"烂尾"让群众真正放心。

（三）关于新型农村合作医疗的情况

1. 新型农村合作医疗制度的知晓情况

关于新型农村合作医疗制度的知晓情况，由图可以看出，大多数人知道，可见大部分的农民对新农合政策都已经知晓。但也有 10% 的人不知道，说明新农合的宣传依然需要加大力度。

2. 新农合的参合率

新型农村合作医疗制度的参合率仅有 50%，作为一项惠民福利政策，受惠人数较少，说明该地区应该加大宣传力度，促进新农合的参合率，保障民生。

3. 了解医疗保险的报销范围

关于参合农民对新农合报销政策的了解，由图可以看出，接近一半的人表示不知道，知道的人仅占到 15%，可见大多数的农民对新农合报销政策都不了解，这反映目前农民对政策的具体实施内容非常缺乏了解。

六、结论与建议

（一）主要结论

1. 新农合政策认同度不高

新型农村合作医疗制度，经过 2002 年的提出到 2009 年的部署，至今已经15 个年头。在有关"关于新型农村合作医疗的情况"这一调查中，我们发现农村居民对于新农合政策的认同程度并没有预期那么高。一方面，被调查采访的多数农村居民表示，目前"看病难、看病贵"的问题依然存在。人们不满足于乡村的小诊所，于是就扎堆到乡镇或者县级医院就医，这就造成了"看病难"的问题；由于新农合以大病统筹为主，平时就医报销并不是特别多，且农民收入普遍偏低，加之农村居民文化程度偏低，对政策的理解不到位，这就造成了"看病贵"问题的出现。另一方面，超过半数的被调查采访的农村居民表示，存在医院药价虚高的问题，相关的政府部门缺乏对新农合政策实施过程以及医院的运行的有效监管，不公开透明的监管造成了农村居民对于新农合政策和医院的不信任，对政策的认同程度也就相对不高。

2. 了解途径狭窄和了解程度浅薄

分析农民的参合原因、了解途径及对新农合政策（如起付线、报销比例、报销程序等）的了解程度，可知参合原因最主要的是新农合的补偿机制能够带来实惠，而农民们对于新农合的了解途径却相对狭窄，基本都是村干部上门介绍或分发宣传册，至于对新农合政策的了解，更是知之甚少，接近一半的人表示不知道。可见大多数的农民对新农合报销政策都不了解，这反映目前农民对政策的具体实施内容非常缺乏了解。了解途径少、了解程度低这一情况，一方面是由于政府宣传工作不到位，所谓的村干部宣传、分发宣传册，只不过是每年收费时的上门通知或一纸传单，而未对新农合的实施细节进行深入宣传；另一方面，结合之前农民人口文化程度特征的分布来看，当地农民的文化程度普遍较低，且年龄主要集中在 40—60 岁，这些人群的获知能力具有相当程度的局限性。

（二）建议

1. 加强信息供给，提高农民对新农合政策的认知度

首先，加强信息供给，提高农民对新农合的认知与认同。地方政府充分重视新型农村合作医疗制度，采用多样化的手段，广泛、深入宣传新农合制度，尤其是对新农合实施的具体制度、保障水平、保障内容，考虑到当地农民的文化程度普遍较低，根据其自身文化程度的特点，采用农民易于理解和接受的方式方法进行宣传。总结和引入农民身边的真实事例，宣传新农合给农民带来的实实在在的实惠。

其次，创新宣传方式方法，重点做好未参保农户的宣传引导工作。通过深入农民中间，了解农民的需要和困惑，有针对性地宣传新农合制度的重要意义，以解决农民存在的困惑为突破口，提高农民参保的积极性。充分利用适用于农民的新媒体手段，强化新农合宣传的效果，建立与农民之间的双向沟通机制，及时、准确地传达给农民新农合的信息与政策。

最后，增强新农合运行情况相关信息的宣传力度，增强农民的参与意识。新农合管理机构应该建立畅通的新农合信息沟通平台，增加新农合运行过程和情况的信息供给，让农民及时掌握信息，增强运行的透明度，引导农民参与运行过程，提高其参保的积极性，对于促进新农合更好发展和加强新农合运行的监督都具有重要的意义。

2. 完善新农合制度，提高农民的受益度和满意度

首先，加强立法，明确各方责任。通过立法，明确医疗保险管理服务机构的运行和监督机制，明确各级政府在主导新农合运行中的责任和义务，保证新农合制度运行有法可依，高效运行。其次，不断完善新农合资金的筹资机制，提高筹集水平。充分发挥政府在新农合资金筹集中的作用，构建科学、合理的筹资机制，保障新农合资金的稳定和成熟来源。政府在资金提供方面应该发挥主要作用，这是政府保障农民医疗保障权利的基本义务；创新相关缴费的机制；进一步降低新农合运行的成本，政府要加大对新农合管理服务机构的支持力度，保障新农合管理服务机构更加高效地运行。最后，加大财政投入，提高报销水平，放宽报销项目，简化报销程序，真正做到政策制定为百姓考虑，政策实施为百姓服务的初始目的。

3. 深化农村卫生改革，提高基层医疗能力和服务水平

合理配置农村医疗资源，加强乡镇卫生院和村卫生所的基础设施建设，进一步提高农村医疗卫生水平。建立促进医疗资源合理配置的体制、机制，发挥政府在提供公共服务产品中的重要作用，加大政府财政投入规模，完善农村地

区医疗设施布局；引入社会力量提供医疗服务资源，建立和完善引导社会力量办医的政策。全方位提升医疗机构的规模，进而提高农村地区医疗服务水平，为新农合更加有效地发挥作用、惠及农民提供良好的基础支撑。农村医疗服务水平的提高除了基础设施等硬件条件，软件水平也是关键。基层医疗机构应该积极引进所需人才，才能有效提高医疗服务水平。政府应该从宏观上出台鼓励和引导的人才政策，推进城乡医院人才交流；基层医疗机构也应该完善各项吸引人才的微观措施，能够吸引和留得住优秀的医疗专业人才。

乡镇基层党建的调查与思考
——以临沂市、淄博市代表乡镇为个案

团队负责人：周文龙　　　　　　　　　　　　指导教师：贾东荣
团队成员：张硕、高鑫、李根、贾媛媛、郭苹苹

一、项目目的

为了推动学院加快高水平专业群建设，发挥政治学与行政学专业特色，探索运用体验式学习方式，运用自己所学的专业理论知识去实践调研，丰富自己的实践调研经验，了解基层党组织的建设情况。本项目调研具有重要的理论和现实意义。

在理论上，运用自己所学的专业理论知识，如《当代中国政治制度导论》中的"党和国家领导体制"，去探究乡镇基层党建情况，实践调研与理论知识相结合，将有助于基层党建理论的进一步完善和发展。

在实践中，本课题的研究成果能为党和政府的科学决策提供方法论上的指导，本课题在研究中能够提供大量真实、可靠的调研数据，提出基层党建的创新路径，可以为党和政府科学应对基层党建过程中存在的问题提供经验支持。

二、项目内容

我们以临沂、淄博两地的代表乡镇为调研对象，按照就近调研和便于组织建设的原则，深入调研乡镇党建工作，寻访农村党员，广泛地收集乡镇基层党委在组织建设、思想建设、制度建设、社会建设等方面的材料，全面了解基层党建情况，并将调查结果进行梳理与分析，为基层党建提供决策咨询。以临沂市、淄博市代表乡镇为个案，深入调研乡镇党建工作。淄博市以双杨镇为调研对象，临沂市以双堠镇、新庄镇、梁邱镇为调研对象。

三、项目方法

（一）访谈调查

调研团队先后探访了镇政府、村民委员会、镇党员活动服务中心，关于乡镇党建工作的情况，访问了镇政府的领导班子成员，包括党委书记、纪委书记和团委书记、党政办公室的主任及科员，询问党建工作开展情况。淄博调研团队访谈了三十五位党员，成员包括党群活动中心办公室主任、党建档案资料相关负责人以及镇和村里的老中青党员代表。

1. 参观调研

调研团队先后走访乡镇和乡村，参观镇政府和村委会的党群活动中心，乡镇党建具体负责人将当地党建相关档案资料提供给我们观摩，例如有乡镇党员档案基本信息和党员缴纳党费数额核查表，推进"两学一做"学习教育常态化制度化情况，开展"健脑筑魂"工程推进"思想建党"工作活动等等。

2. 调查问卷

临沂调研团队设计了50份有24个关于党建问题的调查问卷，问卷内容设有单选、多选和开放性简答题，分别涉及党员个人情况简介，当地组织建设、思想建设、制度建设、廉政建设以及社会关系六大方面，采用不记名填写问卷的方法，发给乡镇政府里的工作人员、村里的党员，询问他们对于当前形势下的乡镇基层党建工作情况的看法和意见。例如询问村民党员对下一步加强党组织建设有什么建议，党支部建设中特色的工作项目具体有哪些表现等。

四、项目结果

（一）基本情况介绍

1. 淄博调研乡镇的介绍：

淄川区双杨镇镇域面积52.02平方公里，下辖36个村，2个居委会，常住人口5.5万。先后被评为全国亿万农民健身活动先进乡镇、山东省思想政治工作先进单位、山东省重点镇、淄博市中心镇、淄博市产业镇等20多个市级以上荣誉称号，2002年11月被国务院体改办确定为国家级小城镇综合改革试点镇。淄川区双杨镇赵瓦村位于淄川区北部，共有村民1263户，4383人，"两委"成员5名，全部交叉任职。村党委下设5个党支部，共有党员109名，其中男性占 79 名，女性 30 名。近年来，赵瓦村党委以富民强村为目标，坚持党建引领，团结带领党员群众建设幸福和谐赵瓦，实现了赵瓦村的快速和谐发展，先后荣获了全国文明村、全国民主法治示范村、山东省新型农村示范社区、山东省先进基层党组织等百余项荣誉称号。

本次调研主要围绕基层乡镇党建内容，团队成员先后参观了中国共产党双杨镇委员会、双杨镇赵瓦村村民委员会、双杨镇月庄村村民委员会，镇党委书记和纪委书记以及各位领导都纷纷表达了对调研团队的欢迎，并对于我们调研党建的问题与调研团队进行交流，张书记从组织建设、思想建设、制度建设、廉政建设和社会关系建设五个方面对我们所提的问题进行了详细的解答，并对我们分享了这段时间基层党组织开展的关于推进"两学一做"学习教育常态化制度化的实施活动和推进过硬支部建设。

基层党建方面的措施：

本次调研主要围绕三个方面进行调研，分别是组织建设、制度建设、思想建设，下面我们将围绕这三个方面进行说明。

组织建设：抓党建筑基础。乡镇党委坚持从自身做起，完善组织建设和党员干部队伍建设，全力打造过硬支部。一是组织架构、班子建设过硬，党委领导核心地位稳固，班子成员相处融洽、分工明确，积极以身作则投身于各项公益性基础工程建设。党委每年定期会给 50 周岁以上老人发放生活必需品、为 60 周岁以上老人发放老年补助金，减轻了村民的生活负担。二是组织生活过硬，党委严格落实"三会一课"及"5+X"党员中活动日制度等各项组织生活制度，各支部党员的党费缴纳、参会情况、量化管理情况公开、通报及时。在活动主题上，紧扣"四个合格"和"四讲四有"要求，自觉做到融入中心、服务大局；在组织形式上，多次组织开展志愿服务、下基层政策宣讲、党员论坛、献计献策等易组织、受欢迎的活动。在实地访谈中，大多数党员认为乡镇党组织应该发挥带动村民增收致富，解决村民的实际困难的作用，其他党员则认为乡镇党组织应该发挥管理好村干部和公平公正办理农村事务的作用。

制度建设：运行机制过硬，严格落实"三集中三规范"工作法，健全完善监督、公开制度。乡镇党支部定期召开全体党员会议，实行村务财务每月 1 次公开，每半年 1 次以明白纸形式告知全体村民，支持村民监督委员会充分行使监督职责；村党委严格落实村民事务干部代办制度，利用党群服务中心、村民事务代办中心及时为群众提供各类代办服务，党员干部联系群众常态化。在访谈中，关于乡镇基层党组织怎样开展群众工作问题，部分党员认为乡镇基层党组织应定期召开群众大会，宣传党的路线方针政策，号召群众积极参与到党组织活动中。还有部分党员认为要成立功能型党支部，以产业为纽带将群众组织起来，发展生产力，共同致富。

思想建设：党员队伍过硬。党员发展条件严格、程序规范，组织纪律性强，自觉接受党组织教育管理，主动参加党内组织生活，及时足额交纳党费；履职履责、服务群众、奉献社会，先锋模范作用发挥好，党内生活过硬。

"三会一课"：民主生活会、组织生活会、谈心谈话会、民主评议党员等基本制度落实到位，严格规范党内组织生活纪律，各项监督保障措施健全完善，党员参与率高。对于目前党员思想教育培训方面存在的问题，部分受访党员觉得教育培训的内容不是党员需要的，还有党员觉得教育培训的质量不高且机会较少。另外，有部分受访党员认为教育培训的时间安排不合理，影响工作生活。比如农民身份的党员，农忙时节就不愿意去参加培训，怕耽误庄稼的收成。

2. 临沂调研乡镇的介绍：

临沂市费县新庄镇地处费县、兰山、兰陵、山亭等四县结合处，新庄镇优越的区位优势和交通优势，丰富的资源和良好的基础条件，使新庄镇在改革、开放和发展中占有了独特的地位。新庄镇辖 81 个行政村，面积 123 平方公里，人口 4.8 万人，是费县面积、人口、行政村最大的乡镇之一。双堠镇位于沂南县西南部，全镇目前有行政村 30 个，4.2 万人口。梁邱镇是费县第二大镇，面积 197 平方公里，辖 83 个行政村，9.1 万人，1998 年被省政府命名为省级中心镇。

基层党建方面的措施：

近年来，临沂市各乡镇坚持"基础工作抓规范，重点工作抓创新，整体工作抓推进"的工作思路，从观念、机制、领域、服务四个方面入手，主动改进和创新农村基层党建工作，为全镇经济社会发展提供了坚实的组织保障。根据我们的问卷分析结果，有 64% 的人认为当前党委对农村基层党建工作非常重视，34% 的人认为重视，仅有 2% 的人认为重视程度一般，认为不重视的人数为 0，可见当前临沂市委对农村基层党建工作还是相当重视的。

组织建设：坚持理念创新，突出基层党建工作针对性。组织实施"基层服务型党组织建设三年行动计划"，突出抓好党建服务阵地、加强村（居）"两委"班子和干部队伍建设。有 82% 的被调查者认为当前形势下党员干部起到了模范带头作用，18% 的被调查者认为当前形势下党员干部没有起到模范带头作用。所以党员干部队伍的建设总体来说是比较成功的，但还是有待加强，仍有部分党员干部不作为。此外，深化包村联户、配合"第一书记"等重点工作，搭建党务、政务、生产、生活"四位一体"党群服务体系，推动全镇 36 个党支部，1500 多名在家党员倾听群众诉求，解决实际问题。坚持月分析研判会制度，把 12345 市民热线反映内容、信访等一并纳入研判会分析研究，增加解决问题的实效性。把党的组织资源、组织优势、组织活力转化为发展资源、发展优势、发展活力，为农村经济和社会发展提供坚强的组织保证。

坚持领域创新，突出基层党建工作灵活性。坚持与发展经济相结合，发挥基层党组织在领导带动、政策引导、发动群众等方面的优势，实现党建资源共享。坚持与为民办实事相结合，按大村、中村、小村三个档次，每年分别按不低于 4 万元、3 万元、2 万元的标准给予村级办公服务经费专项补助，依托党群电子服务平台这一平台开展即时办理、代为办理、指导办理服务。但是，在实际情况中，当前乡镇党组织开展工作面临着许多困难。从我们的问卷分析结果来看，有 22% 的党员认为当前农村宗派特性显著，有 14% 的人认为农村霸痞势力猖獗，而认为开展工作中缺资金、少资源、没权利的党员更是高达 86%，另有 18% 的人认为还面临着其他困难。因此，形势并不乐观，只有解决掉这些困难，才能更好地开展党组织各项工作，更好地服务村民。

制度建设：坚持机制创新，突出基层党建工作科学性。依托镇农业科技服务中心，开设讲堂，围绕党员教育培养、主导产业发展、美丽乡村建设等各个方面开展专题学习讨论，把个人自学与集中学习结合起来，制定年度学习计划，采取多种形式搞好自学。为确保村党支部书记充分发挥作用，双堠镇对党支部书记进行星级管理，建立电话抽查制度，依托镇政府信息中心，进行抽查打分，根据群众满意度、执行能力、集体收入等情况，确定党支部书记的星级，星级评定结果与党支部书记绩效报酬、离任后的生活补助挂钩。同时，在村级层面按示范类、标准类、普通类三个层次，分类推行党员奉献积分制，激励农村党员干部在引领发展、服务惠民的实践中做表率当先锋。

除此之外，双堠镇在农村全面推行"两集中一报告"制度，组织村级按期议事开会、按期集中公开，重大事项全部报告，推动基层民主建设。推行"民情日记制度化、问政于民常态化和特困救助长效化"，对发现问题实行一包到底的管理，有效掌控村情民意，及时化解矛盾纠纷，实现了社会安全稳定、人民安居乐业。

为适应人大工作的新常态，双堠镇人大制定了《人大主席团成员学习制度》《人大主席团成员联系代表制度》《接待代表和群众来信来访制度》等制度。使人大工作步入制度化和规范化的轨道。

思想建设：在理论学习方面，党员坚持利用网上学习等多种形式，加强对宪法、地方选举法、地方组织法等法律法规和业务知识的学习，努力提高自身思想政治素质、政策水平和履职能力。根据调查结果显示，新庄镇党员中有 16% 的人平时事务忙，很少涉猎相关理论知识，64% 的人通过电视、网络、报纸和相关杂志书籍来学习，8%的人通过参加培训来系统地学习，另有12%的人通过其他方式学习党的理论知识。此外，推进"两学一做"学习教育常态化制度化，要以"两学一做"为基本内容，以"三会一课"为基本制度，以党支部为基本单位，以解决问题、发挥作用为基本目标，牢固树立党的一切工作到支部的鲜明导向。注重以上率下、强化分类指导、加强正反典型教育、坚持常抓不懈。着力解决一些党员理想信念模糊动摇、党的意识淡化、宗旨观念淡薄、精神不振、道德行为不端五个方面的问题。对于当前党员思想上存在的问题，问卷分析结果显示，有22%的填写者认为信仰宗教迷信问题严重，有50%的填写者认为组织观念淡薄情况突出，有40%的填写者认为个人主义严重，有20%的填写者对这个问题并不清楚，还有极少数党员存在理想信念动摇问题。

在作风建设方面，新庄镇人大主席团员经常深入实际，调查研究，把反映群众意见和呼声作为人大工作的基本职责。坚持每人联系1个到2个代表小组，以小组活动为载体，经常组织代表开展活动，广泛听取代表意见和建议，帮助解决实际问题。深入开展"三严三实"专题教育活动，接受了"五个一"活动之一次警示教育，进一步提高党员领导干部的党性修养，筑牢党员干部拒腐防变的思想道德防线，坚决刹住不正之风。

廉政建设：在强化廉政建设方面。加大腐败案件的查办力度，进一步建立党风廉政建设监督体系。双堠镇、新庄镇党员也严格遵守中央"八项规定"要求，时刻严格要求自己，切实做到令行禁止，廉洁从政。问卷调查结果显示，58%的党员反映自己所在的乡镇对党务工作进行公开，42%的党员表示自己所在的乡镇对党务工作进行部分公开。而对于影响落实基层党建工作责任制的主要问题，大多数党员认为是党务工作经费保障不到位，部分党员认为是基层不配合与经济建设任务过重导致，还有小部分党员认为是考评不科学与其他方面的缘故。

五、项目分析

关于党建措施，每个地区都有自己独特的方式，各地区根据自己的实际情况来开展党建工作活动，同时也存在着不同的问题反映。此次调研我们根据两地党建的各方面措施实施情况，比较两地乡镇党建工作的异同，分析目前基层党建存在着的问题，为调研对象提出基层党建的创新路径，为党和政府科学应对基层党建过程中存在的问题提供经验支持。

（一）基层党组织生活制度落实情况不好，形式主义严重

在我们本次调研中大部分党员反应的集中问题是党组织生活会议太多，实际效果不好，实际工作操作不强。虽然党组织生活制度建立得比较完善，但落实到实际生活中情况不好，效果不佳，批评和自我批评走过场，有的党组织"三会一课"流于形式，没有起到应有的作用。在我们本次调研中共发放了 50 份调查问卷，回收 50 份。其中 65%的人认为党组织制度建设中存在以下几个问题。第一，党组织虽然建立了制度，制度也上墙，但是制度得不到很好的执行；第二，基层党组织建立了一些制度，但具体规定大家不甚清楚；第三，日常的组织生活会、民主生活会召开次数太频繁，批评和自我批评走过场，流于形式。

（二）农村党员队伍年龄老化，党员年龄结构不合理

在我们本次调研中一共涉及党员 150 多人，但是其中 60 岁以上的老党员就有 70 多个，约占总党员人数的 47%。我们在调研乡镇的调查中发现，双杨镇和新庄镇 60 岁以上的党员占比达到 45%，双堠镇和梁邱镇 60 岁以上的老党员占比在 50%以上，从目前的调研情况来看，文化素质较高的农村青年党员普遍较少，这说明当前基层党员队伍结构极不合理，缺少年轻有为的"小鲜肉"党员，而党员队伍的老龄化，正成为制约基层党组织创新、发展的一大重要影响因素。

（三）党员队伍整体素质不高，先锋模范带头作用发挥不明显

本次调研中我们发现，一些村干部思想观念陈旧，宗旨意识淡薄，创业精神差，平时事务繁忙，很少系统地学习党的理论，普遍存在队伍老化、文化水平偏低、作用发挥不明显等问题。在本次调查问卷中，数据显示基层党员存在着以下主要几个问题：一是党员组织观念淡薄，个人主义严重；二是部分党员干部的理论水平和自身能力不高，调研了三个乡镇，党支部书记年龄在 50 岁以上的占 55%以上，具有大专以上文化程度的不到 50%，这种年龄结构和知识结构与党员发挥带头作用的要求不相适应；三是部分党员宗旨意识逐渐淡化，思想素质逐渐退化，认为发挥党员作用政治上得不到好处，经济上得不到利益，大多数时候自己还会吃亏，因此，在实际生活中不愿意发挥党员的先锋模范作用。

（四）一些村支部书记搞家族式、近亲式、裙带式发展党员

在调研过程中和整理调查问卷中，我们发现一些乡村家族式、近亲式发展党员问题很是严重，部分村支部书记文化程度不高、思想意识不强，导致在党员发展过程中过分看重个人利益，党员发展任人唯亲，村里一些有才干、有上进心的人却被拒之门外，党员发展家族化、关系化问题突出，造成了很坏的影响。

（五）党务工作经费保障不到位，基层干部待遇偏低

在调研中，我们发现由于缺少资金和资源，农村党组织的具体工作很难开展。在 50 份调查问卷中，有 35 份问卷认为基层党建工作中，需要加强的工作有对于增加老党员、生活困难党员慰问和落实党建工作经费的问题。数据显示，党建工作经费少，乡镇党组织开展工作的经费也是有限的。压力大，工作难，这是访谈乡镇干部时，他们谈到的最大感受。基层党员干部不仅承担着农业发展、社会保障、计划生育等多个方面工作，工作内容烦琐复杂，巨大的工作量与较低的待遇形成反差，致使村干部工作积极性不高。我们在淄博市双杨镇调研期间，除了少数村的村干部连续任职两三届，大多数村干部都是两年一换，甚至是一年一换，主要原因还是在于得到的报酬少，待遇偏低。

六、结论与建议

针对以上的问题我们提出以下几点建议和对策：

（一）开好民主生活会和组织生活会，严格落实组织生活制度

在本次调研中，大部分党员群众反映组织开会频繁，但实际解决的问题不多，会议形式化太严重。我们认为民主生活会重在解决突出问题，解决当前紧急问题，解决民众需要问题，不是为了开会而开会，而是为了真正解决问题。开好民主生活会和组织生活会，必须真正地做到批评和自我批评，不搞假动作，要对自己的工作负责任；对会上提出的问题，要逐一分析原因，制定整改措施、落实整改责任、明确整改时限；基层党组织负责人每年要与党员普遍谈心谈话，发现问题的要及时提醒；民主评议党员要客观公正评价党员表现，做到实事求是，帮助引导党员自觉认识问题、自我改进提高，严格稳慎处置不合格党员。

(二) 发展青年党员工作，为基层党组织注入"新鲜血液"

乡镇基层党组织要重视发展党员这项工作，善于发现人才，培养年轻一代的优秀党员，可以为组织提供新思想、新观念和新动力。我们在本次调研过程中，发现基层党组织最突出的问题就是党组织年龄结构的不合理性，老党员人数占比过大，不注意培养、吸引年轻一代成为党员的发展对象。我们建议基层党组织在发展党员方面，要注重改善党员队伍结构，重视大学生等各领域优秀青年中发展党员，积极做好支部发展党员工作，不断优化党员队伍的结构。比如，我们在淄博调研的双杨镇赵瓦村和月庄村，每年市里都会派大学生村官，作为书记助理，增强基层组织建设，促进农村发展。

(三) 推行党性教育体检，完善先进党员激励机制

针对现阶段我们调研中所发现的不少党员干部思想观念陈旧，很少学习党的理论知识这一点，我们认为乡镇基层党组织要全面推行党性教育体检，综合党员一贯表现，做出党性健康状况评定。用好党群服务中心等党建资源，开展开放式组织生活，引导党员见贤思齐、坚定理想信念；把党员干部严重违纪违法的典型案例作为反面教材，认真开展警示教育。开设"时代先锋"个人和"时代先锋"岗位，对基层党员择优激励，充分发挥先进典型的示范引领作用。

(四) 严格制定党员发展制度，做到党员发展民主化、透明化

在调研过程中遇到最普遍的问题，是关于家族式、关系式发展党员的问题。乡镇党支部和村党支部里的成员大多是一个家族或关系很好的一部分人，这类问题尤为突出。我们认为，乡镇一级党委应制定严格的党员发展制度，从申请入党到成为一名正式的党员，过程中的每一道程序都要严格把关，形成民主推荐、民主评议、票决、公示等一系列良性循环，在实际中做到党员发展民主化、透明化。并且每一级责任人都要按照党章和中国共产党发展党员工作细则的要求来实施，全面了解每一个党员发展对象。党员要做到按期考核，考核不达标者视为不合格，不合格超过一定次数按照规定除名。

(五) 夯实保障，适当提高乡镇干部待遇

我们认为基层干部身处执政一线，是中国复杂国情的"亲历者"，各项改革任务都要靠基层干部去落实，各种发展目标要靠基层干部去实现，组织上要适当提高基层干部的待遇，减少一些公职人员的负担。上级要加大财物投入力

度，建立稳定的财政保障机制，确保党组织工作正常开展。对于优秀的乡镇基层干部，要提高奖励待遇，使基层努力工作的优秀干部生活上有盼头，有进取心，同时也会极大地调动他们对村务建设的工作积极性。

七、结论

本次乡镇基层党建实践调研活动，是我校政治与公共管理学院探索将党建纳入实践教学、培养人才的重要举措。经过暑期接近一个月的准备与努力，终于带领小组成员完成了这份专业调研的作业，活动的顺利开展与结束，真正地提升了我们这些政治学与行政学专业学生的专业意识，为本专业建设打下了良好基础。本次专业调研，让我们亲身参与并感受到了现阶段乡镇基层党建工作情况，认识到了党建工作的必要性与复杂性，还记得在调研时陈主任对我们讲，基层党组织是重中之重，基层党建工作做得好不好对其他方面影响很大。

在实地调研获得当地党建资料同时，也发现了目前基层党组织存在的诸多问题。针对每个问题，我们详述了问题的成因与相应的对策，希望我们调研的结果有助于基层党建理论的进一步完善和发展，为党和政府科学应对基层党建过程中存在的问题提供经验支持。

西部欠发达地区农村基层党建的情况调研
——以四川省乐山市犍为县九井乡为例

团队负责人：李先义　　　　　　　　　　　指导教师：杨伟伟

团队成员：郭金波、张弛、杨皓杰、叶清、覃雨佳、朱进平

一、调研对象

九井乡党员

二、调研目的

　　了解九井乡基层的党建情况，提出一些相应的建议。本研究小组选取具有代表性的犍为县九井乡为例，通过实地调研了解九井乡基层的党建情况，以此对西部欠发达地区农村基层党建情况提出相关的对策建议。

三、调研方法

访谈法、文献研究法和问卷调查法

四、调研时间

2017 年 8 月 20 日到 2017 年 8 月 24 日

五、调研地点

四川省乐山市犍为县九井乡

六、国内研究或发展状况

　　习近平总书记在 2013 年 6 月的全国组织工作会议上提出"使基层党组织

成为坚强战斗堡垒。各级都要重视基层、关心基层、支持基层，加强带头人队伍建设。"农村党组织是党的基层基础，是党联系群众的桥梁和纽带，是落实党在农村各项工作的战斗堡垒，是农村的领导核心。农村党建工作的好坏是党在农村执政的关键，关系到农村的稳定与发展、繁荣与进步。农村党建工作的好坏对党的执政基础、党对国家的治理以及社会的和谐与稳定方面都具有十分重要的现实意义。农村经济社会的发展，尤其是西部欠发达地区农村经济社会的发展，影响着整个中国农村社会的进程。而西部欠发达地区因其自然条件差、交通不便、信息闭塞，加之多个民族聚集、宗教活动频繁的原因，对认真探索和研究西部欠发达地区基层党组织建设情况，具有十分重要的理论和现实意义。本研究以四川省乐山市犍为县九井乡为例，实地调研当地基层党组织建设情况，以期为加强当下党建理论研究提供新素材，同时为当地经济社会发展提供些许支持。通过梳理现有理论研究，国内理论研究成果主要体现在以下几方面：

（一）专著

农村党建工作是党建研究的重点领域，历来倍受专家学者们的关注。多年来出版了大量有关农村党建方面的理论著作：如肖剑忠的《农村党建工作创新》、王乃波的《基层党建工作新格局》、周挺的《乡村治理与农村基层党组织建设》等。他们从不同的角度分析了农村党建工作存在的问题、农村党建工作的新经验、新思路，并提出了相应的加强农村基层党组织建设的应对措施。

（二）期刊、论文

项目组通过学校图书馆"中国知网"搜索引擎，以"农村基层党建"进行的关键词搜索显示有论文2128篇，具体可分为：

1. 关于农村基层党建中存在的问题

吴存兰在《基层治理与农村党建研究》中提出农村党员干部中的突出问题集中在四方面，第一，基层组织工作方法简单，基层工作处理简单粗暴；第二，群众基础比较薄弱；第三，基层组织缺乏战斗力；第四，基层综治工作有待加强。王野、左靓的《社会主义新农村党建工作新思路》中提到农村党员队伍的先进性是农村基层党组织队伍建设的条件，要对农村党员开展先进性教育活动。伊志慧《新农村建设背景下农村党建工作的发展思考》中提及农村党支部班子素质较低主要集中在文化程度低、能力弱等问题。缪海燕的《新时期农村党建工作的探究》中提到党员队伍中的消极现象影响了新农村建设的进程，提出要建设一支精干高效的村级党组织领导班子，要提高农村党员队伍的整体素质，永葆党的先进性。袁志坚在《当前农村基层党组织建设存在的问题及对策》中提到以下几个方面的问题。第一，党员思想政治素质和服务意识问题；第二，体制和机制存在问题和缺陷；第三，干部作风、领导方式和工作方法问题，党组织权威和影响力问题。

2. 新农村建设中党组织建设的新思路

吴存兰在《基层治理与农村党建研究》中提出加强服务型基层党组织建设并且依托网络平台技术提升村两委班子的执行能力；邵峰《农村党建工作新思路与细节问题研究及讨论》中提出了要创新思想、制度和组织建设，具体来说就是强化村党支部书记职责，加强"三级核心网络"建设，进一步优化党风廉政建设责任制度。王野、左靓的《社会主义新农村党建工作新思路》中提到要发挥党组织在村民自治中的作用，加强党的领导。提出了农村党建工作依据是调整产业结构，树立发展新思路。农村党建工作前提是建设生态农村。农村党建工作关键是提高农民素质，实现农业现代化；伊志慧《新农村建设背景下农村党建工作的发展思考》中提及加强创新农村党员干部规划管理。

3. 关于农村基层党组织建设概念和意义研究

《党的基层组织建设300问》（人民出版社，2012年版）专著中提出，党的基层组织，指党在社会基层单位（包括企业、农村、机关、学校、科研院所、街道社区、社会组织、人民解放军连队和其他基层单位）成立的组织。《组织工作》（定庆云．中共党史出版社，2005年版）专著中提出，农村基层党组织主要由以下几部分组成：乡（镇）党委、行政村党组织及其所属的党组织、乡镇机关党组织以及乡镇党委所属的其他党组织，其主体是乡镇党委和村级党组织。《党员干部不可不知的党建常识》（金判，国家行政学院出版社，2013年版）专著中提出，党的基层组织建设包括党的基层组织设置和自身建设两个基本方面；党的基层组织建设的目标方向和基本方针是：切实做好基层党建工作，增强党的阶级基础和扩大党的群众基础。

4. 关于加强农村基层党组织执政能力的研究

农村基层党组织执政能力的研究围绕农村基层党建在农村工作中的作用和如何提高执政能力展开，一方面，董江爱（2007）认为，农村党支部是农村各种组织和各项工作的领导核心，担负着团结和带领农民群众全面建设小康社会重要责任，其执政能力的强弱直接关系着农村社会的稳定与发展，关系着党在农村执政地位的巩固。在村民自治的严峻挑战下，农村党支部必须不断加强执政能力建设。另一方面，张少农（2004）等分别撰文认为，加强农村基层党组织执政能力建设要从农村基层党组织执政的思想基础、组织基础、经济基础、群众基础上入手，突出能力建设，提高解决自身问题的能力；提高带领群众致富的能力；提高构建和谐农村的能力；提高开发农村人力资源的能力；提高农村基层组织自我发展的能力。

5. 对农村基层党组织建设的对策

学者从不同的角度提出加强农村基层党组织建设的不同对策。从机构设置的角度，吴汉林（2008）、曹桂华（2005）研究认为：首先，创新党内组织机构设置；其次，创新村级领导体制；第三，创新干部任用管理机制；第四，创新党员教育管理方式，建立健全城乡一体党员动态监督管理机制。从发展经济的角度，叶芳（2002）认为在市场经济条件下，加强农村党支部班子的建设要适应市场经济要求，转变农村党员群众的思想观念，凝聚和号召群众。从党组织后备力量发展的角度，董启程（2001）提出：一是大量吸收近年来农村中涌现出来的敢冒尖、能致富、有文化、有见识而且有社会责任感的人入党，从根本上改变农村党员队伍的结构；二是乡镇党委要转变职能，"为农服务"；三是乡、村两级党内干部的任用制度要大胆创新。

6. 农村基层党组织建设与新农村建设关系

郭鸿剑（2006）认为，加强农村基层党组织建设具有重要意义；詹学德（2007）、文丰安（2006）等认为，农村基层党组织在新农村建设中具有发展生产，切实领导农民改变农村贫穷落后的状况，切实领导农民走向共同富裕的道路，是带领群众建设新农村的领导核心，是推进新农村建设的原动力、统揽新农村经济全面发展的内在动力和建设新农村的强劲合力；李勇华（2007）等认为，新农村建设为农村党组织走出"领导危机"和"被边缘化"困境，重构领导资源提供了历史新机遇和新路径。

七、调研现象

本调研小组共调研一个乡三个村，分别是四川省乐山市犍为县九井乡及其下属的九井村、祗园村和峰门村，了解当地基层党建情况。本小组将从三个方面展开本次调研，首先是对调研地的基本情况做一个简介；其次是对调研地基层党建的基本情况进行说明；最后是针对出现的问题提出相应的对策建议。

（一）基本情况介绍

1. 采访地的基本简介

九井乡位于犍为县西南部韩家滩溪上游，东与榨鼓乡接壤，南与沐川县新繁乡相连，西与双溪乡相接，北与清溪镇为邻，距县城22公里。全乡面积

29.5 平方公里，海拔高度 359 米。辖个 7 村、55 个组，有农户 2317 户，总人口 7858 人。现有耕地面积 6384 亩，森林面积 15615 亩，森林覆盖率达 45.9%。2006 年财政收入 320 万元，人均纯收入 3281 元，有一个水库和 21 口山塘。

九井村全村幅员面积 2.7 平方公里，辖 7 个村民小组，有 253 户 814 人，有中共党员 18 名，成立党小组 1 个；全村有耕地 1200 亩，其中田 800 亩，退耕还林 405 亩；村内公路 23.5 公里，其中已硬化 2.2 公里，2016 年农民人均纯收入 9780 元。

祇园村位于清溪镇南 10 公里，紧邻 213 国道。全村幅员面积 7.6 平方公里，辖 12 个村民小组，共 587 户、2039 人，其中党员 35 人，现有劳动力 1285 人，耕地面积 2031 亩，其中田 171 亩，地 318 亩。经济收入主要以外出务工为主，主产粮食、林竹、姜、生猪等。

峰门村面积 6.78 平方公里，辖 10 个村民小组，有 404 户 1458 人，其中中共党员 38 名，成立党小组 5 个；全村有耕地 1100 亩，其中田 700 亩，退耕还林 477 亩；村内公路 25.8 公里，其中已硬化 9.35 公里。

2. 制度介绍

选举制度

（1）发展党员严格按照流程。

（2）支部坚持发展党员工作。

（3）支部应保持 3 至 5 名入党积极分子。

（4）支部指定党员培养入党积极分子，并进行教育。

（5）及时讨论研究入党积极分子为预备党员，预备党员转正。

（6）发展党员公示制度。

（7）发展党员票决制。

（8）发展党员责任追究制。

决策机制（"四议两公开一监督"制度）

（1）村党支部会提议。

（2）村"两委"会商议。

（3）村党员大会审议。

（4）村民代表会议或村民会议决议。

（5）决议公开。

（6）实施结果公开。

（7）村监委会监督。

公开制度

党务公开制度：

（1）党员大会通报。

（2）公开告知于公开栏。

（3）会议学习传达。

村务公开制度：

村务公开主要采取公开栏的形式，各村公开栏要实现公开栏、防雨设施、意见箱"三固定"，公开栏既要按高标准严要求，又要因地、因村、因事制宜，使公开既见栏又见面。

奖惩机制

（1）首问责任制。

（2）限时办结制。

（3）责任追究制。

（4）行政执法公示制度。

监督机制

督办工作制度：

（1）逐级负责制度。

（2）请示报告制度。

（3）考核处罚制度。

（4）定期通报制度。

（5）保密制度。

"八小时外"监督：

（1）加强对干部职工八小时外的监督管理。

（2）干部职工在八小时以外，应规范言行举止，注意社会形象。

（3）干部职工如果遇到接受行政相对人组织的外出活动、赴县外活动、家庭人员婚丧嫁娶、本人乔迁等操办宴请事项、因私出国等情况，应事先向分管领导及党政办报告。

（4）党政领导干部要高度重视干部职工八小时外监督管理工作，落实责任制，并以身作则。

廉政建设

党风廉政建设巡查工作制度：

（1）巡查的目的：加强党政班子的思想作风、工作作风建设，融洽干群关系，落实党风廉政建设责任制，进一步推进各项工作。

（2）巡查内容：党政班子自身建设、执行制度、干群关系。

（3）巡查方法：个别访谈、座谈会、问卷调查、查阅有关文件资料。

（4）巡查的单位和时间：每年巡查时间灵活安排。

（二）基本情况

1. 基层党建方面的措施

本次调研主要围绕四个方面进行调研，分别是组织建设、思想建设、制度建设和廉政建设，本调研小组将主要围绕这四个方面进行说明。

（1）组织建设——创新两新党组织建设

九井乡是犍为县两新党组织建设的试点地区，建立两新党组织，完善九井乡的基层党建，是九井乡在组织建设方面的突出特色。

首先，为深入贯彻中央"党管一切"的政策方针，九井乡结合当地经济社会发展情况，动员全乡所有规模型企业，设立党支部，实现党支部全覆盖。同时，创新当地以种植类和养殖类协会为主的行业协会的管理方式，在此类社会团体中建立党支部，充分发挥先进党员、先进党组织的带头作用，帮助当地村民脱贫致富。

而在组织生活中，严格落实三会一课制度，即党员大会、党小组会、支委会和党课制度。提高党员大会和党支部大会召开的频次，将一季度召开一次的党员大会改为每月召开一次，将半年一次的党课教育改为每季度一次。而自"两学一做"活动以来，以每月月末的周五为主题党日，深入学习党中央的政策方针。此外，每个村党支部的党建资料也越来越丰富。随着现在"两学一做"常态化制度化，乡镇党委和村党支部都已经适应了现在的新常态的过程。

（2）制度建设——城乡一体化党员动态管理体制

在农村，党员流动情况比较普遍，之前流动党员外出务工之后，管理都比较松散，现在要求流动党员每年外出和返乡时到党支部报到，报备务工目的地，并留下联系方式和详细地址，由党支部进行登记和统计。每个季度党建督察的时候，县委组织部会走访到各个村党支部，要求查看流动党员台账，核实流动党员的信息。利用自媒体技术，每个村基本都建立了流动党员的微信群，在支部大会之后会直接将会议内容发到群里，以便流动党员查看讨论。这也体现了一种新常态，即信息化建设与党建相结合，使党员能以多种多样的方式参与党的组织生活，了解党支部的活动情况，同时，也避免了党章中规定的半年不参与党的组织生活就自行脱党的情况出现，从另一方面也减少了党的人才流失。

在党费收缴方面。作为党员，缴纳党费是一种必须履行的义务。前些年，党员需要每月缴纳两毛到五毛，现在，普通党员需要缴纳的党费是每个月五毛到一块，但是有工资的党员，不论工资高低，需要缴纳的党费都按照工资的一定比例来进行计算。在农村来说，这部分人一般是村里的干部和领退休金的老党员。以前是半年交一次党费，或者是年底开民主评议会的时候一次性上交，现在的要求是每个月必须收缴党费并将收缴情况进行公示。这样就避免了党员不上交党费的情况。同时，外出流动党员也多了一种缴费方式，他们可以通过微信转账的方式来上交党费。

（3）思想建设——加强党务公开，学习党中央的政策

每个村的公开栏，分为了两个部分，一方面是党建情况的公示，另一方面就是村务的公示。党建公示主要分为两个部分，一是对上级或中央的新政策进行公示；二是对其会议内容和精神的宣传。比如会议之后，会议精神、习总书记讲话精神等都会打印并张贴在公示栏中，方便群众学习。在我们发放的调查问卷中100%的党员表示在其当地的村中都有党务公开栏。在思想建设中主要的着眼点是在"两学一做"，要将"两学一做"常态化，要把思想建设放在首位，教育引导党员尊崇党章、遵守党规，以习近平总书记系列重要讲话精神武装头脑、指导实践、推动工作，努力解决党员队伍在思想、组织、作风、纪律等方面存在的问题，努力使广大党员进一步增强政治意识、大局意识、核心意识、看齐意识，坚定理想信念、保持对党忠诚、树立清风正气、勇于担当作为，充分发挥先锋模范作用。

（4）廉政建设——打造三级廉政建设模式

自从十八大以来，党中央大力推行党风廉政建设，就本次调研地而言非常拥护一系列的党风廉政措施，各种措施得以积极地落实，在日常的党组织生活中着重宣传廉政思想，打造"乡—村—党员个人"的三级廉政建设模式，做到将廉政渗透到党组织生活的每一个角落。在本次调研中发现，九井乡的廉政建设中主要是实行层级化反腐。首先，在乡政府会不定期召开廉政会议，宣传中央一些关于廉政建设的主要精神，同时，在乡党委的宣传栏上公布党风廉政建设的相关信息，将相关的制度公布出来并且对每一位党支部书记做出明确解释；其次，在村党支部设立党务公开栏，及时张贴党风廉政建设的信息，并且制作横幅反腐倡廉；最后，村党支部联系党员个人并向每一个党员宣传廉政建设的制度，重点宣传反面教材。

除此之外，在三级廉政建设之外辅以乡巡查小组和匿名举报通道。乡巡查小组不定期对各个村党支部进行巡查并向当地党员了解情况；匿名举报通道是在乡一级设立一个专门的廉政小组审核、处理举报事件。通过上述措施九井乡将廉政工作落实到每一个党员，做到村村讲廉政，户户讲廉政，使党员起到了更好的模范带头作用。

2. 存在的问题

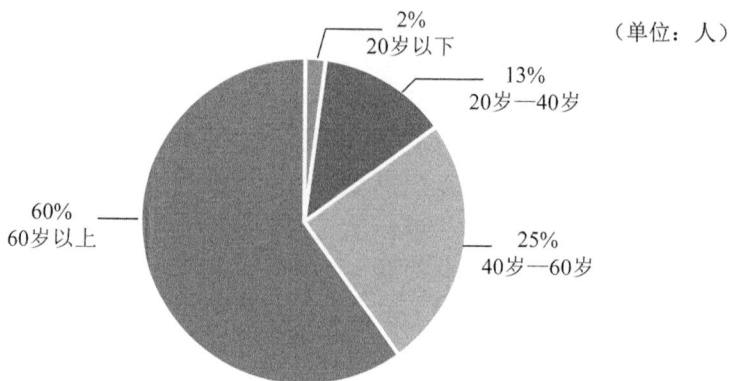

图1：四川省乐山市犍为县党员年龄结构图

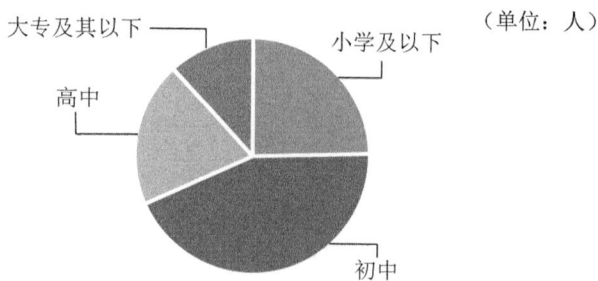

图2：四川省乐山市犍为县党员文化程度结构

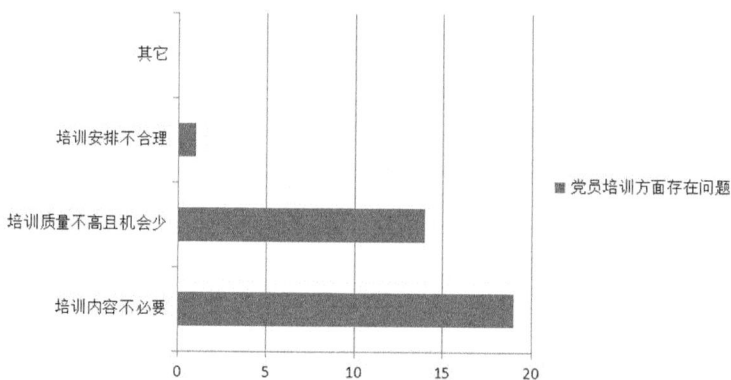

图3：四川省乐山市犍为县党员培训方面存在的问题

本调研小组在本次调研时一共发现九大问题，下面便一一进行说明：

（1）党员结构不合理，老龄化问题严重

本次调研地九井乡全乡一共有党员230多人，但是，其中60岁以上的老党员就有100多名，如图1。在本小组对其他三个村的调研中发现，祇园村和峰门村60岁以上的党员占比达到60%，九井村60岁以上党员占比高达64%。由于调研地属于西部欠发达地区，所以在九井乡还有很大一部分党员会外出务工，这就会导致九井乡的党务工作难以开展。一个典型的例子是在九井村没有纪检小组长，原因是本村党员一共14个，除了两个干部和几个党支部委员外，剩余的人要么外出，要么年纪在60岁以上，不符合要求，所以找不出人来担任纪检小组长。为了贯彻党中央"党管一切"的方针，就必须从党支部中选出支部书记作为领头人引领基层的发展，但由于党员的老龄化，造成了党支部无人可用的窘况，而老龄化就成为制约基层党组织发展的最大因素。

（2）党员的近亲发展，影响基层党组织管理

这主要是因为前些年对基层党建的重视程度不够，标准不够严格，且各个支部存在家族式观念，不愿意发展党员，因为如果发展新的党员可能就培养了新的竞争对手，所以党支部成员更愿意培养有亲属关系的人，因此家族式发展很常见。从2014年开始，明确规定党员发展对象不能是村和社区干部的直系亲属和姻亲关系亲属，这就体现了党员选拔严肃性，但同时也增加了发展新党员的难度，因为这样就会造成一些村党支部不愿意去发展党员，所以而后又规定三年之内必须发展新党员，否则就撤销相关的党支部。通过以上几个举措的实施，党员近亲发展的情况得到了有效的控制。

（3）乡镇党委和村党支部人员不足

现在的基层党组织管理要求横级管理，体现"党管一切"，这就要求党参与到一切工作中去，以九井乡为例，实际上只有三个人来负责所有的党建工作，党建对应的工作有：组织人事、党的建设、监督下属支部组织生活的开展、软件资料制作的指导、党课、党员发展等等。现在要求"党管一切"之后，乡镇党委还得负责脱贫攻坚等等。现在的最大问题是人员不足，很多工作力不从心，乡镇党支部的工作量与人员配比不协调。就像是九井乡的汪书记所说的"只有招架之力没有还手之力"。只能完成上级部门下达的任务，基本没有时间来思考当地基层党委的发展方向。

（4）村党支部成员待遇低，削弱基层党员工作积极性。

近两年，村党支部工作量激增，但是村干部的待遇明显不足。在"两学一做"常态化、制度化之后，对村干部的要求提高了很多，但是待遇方面却没有及时跟上，这是基层党建方面的又一问题。村党支部成员的工资构成是实

发工资加绩效工资，其中绩效工资占 40%。以九井乡峰门村为例，一个村所有的村组干部的待遇加起来，还比不上一个政府公务员。比如一个村支书，一个月能拿到的实际工资其实只有 800 多元，其余就是绩效工资，一个组长一个月能拿到 500 多元，十个人一个月也才 5000 多。而一个公务员每个月的工资加上五险一金、奖金等等，实际待遇是超过十个组长的。并且，公务员任职满 20 年之后，自动转为副科级，享受副科级待遇，但村组干部却没有这种待遇。同时，基层干部工作量相当大，待遇与工作量不成正比。而且对于 40% 的绩效工资来说，是按照完成情况来发放的，如果一个村的绩效成绩只有 98 分，那么就会按 98% 来发放 40% 的绩效工资。

（5）后备党员不足，人才流失严重

这个问题主要分为两个方面。一方面，流动党员人数较多。由于调研地的经济发展较为滞后，所以当地有很大一部分人选择外出务工，这就造成当地人才流失严重，缺乏足够的党员来完善相应的基层党组织建设。另一方面，后备党员不足，发展难度大。在本次调研地发展党员需满足以下几个方面要求，第一，需在 35 岁以下；第二，需是大专学历以上；第三，要求定期写思想汇报，在开支部大会的时候要求必须到场。对于农村来说满足前两个条件非常困难，很多的青年大学生毕业以后都不会再选择回乡，而在农村的大多数青年是没有大专文凭的，所以这就会造成基层党组织很难找到适合的人来发展党员。

（6）党员质量低，党员培训不合理

在本调研小组的调研中，普遍反映的问题是年轻党员的党性没有老一辈党员的党性高，但是在脱贫致富的示范上，老一辈党员的作用相对年轻党员来说则稍显不足。这就导致在基层党建中党员的先锋模范作用难以集中体现。而且如图 2 所示，我们可以看出党员文化程度主要是初中。在本次调研中共发放了 50 份问卷，回收 50 份，如图 3。其中 70% 的人认为党员存在以下几个问题，第一，组织观念淡薄；第二，个人主义严重；第三，理想信念动摇。而其中 80% 以上的党员认为，党员培训的内容不是党员需要的、质量不高且机会少、时间安排上不合理，影响工作生活。

（7）党章党规落实情况差，党员处罚过程烦琐

在本调研小组的调研中发现，虽然党章党规条例都很完善清楚，但是真正运用的比较少。由于中国社会发展产生的种种问题，导致目前党员的素质参差不齐。由于党的严格要求，现在处分或者开除一个党员，需要准备的材料和处罚流程等太过繁杂，导致很多支部不愿意处分党员。这样的制度对基层来说，想把在队伍中有问题的党员清除是很艰难的。这对于党支部保持队伍的纯洁性和先进性是一种挑战。总而言之，在新社会的新要求下，党组织中某些制度还

不够完善，不够适用。本小组在调研的过程中还发现了一个有趣的现象，即乡党委负责人在谈到党章党规的落实情况时，觉得落实情况差，但是到了村一级的党支部时却反映落实情况很好，在调研的三个村中并无处罚党员的情况。当然本小组认为出现这一悖论的原因是处罚党员的过程非常烦琐，导致村一级党支部不愿处置一些有问题的党员，而对于乡一级党委来说，在进行党建时又确实遇到一些党员不负责任的情况，所以导致这一悖论的发生。

（8）考评制度不科学，党务经费不足

在本次的调研中发现，大约有76%的基层党组织党员认为党建工作责任制的考评不合理，另有68%的党员认为党务经费保障不到位。以上的两项调查显示基层党支部的积极性受到一定的打击，党务工作难以有效地开展，党务工作缺乏一个合理的考核和保障制度。在本次调研中本小组发现对于考评制度的争议点在于对于绩效工资的考核上，也就是说对于40%的绩效工资的处理上。由于最后绩效工资是按照绩效考核的分数来发放的，而在正常情况的考核中很少有人能够得到100分的绩效考核分，这就导致了基层党干部实际工资更低。所以，此次的调研对于绩效考核制度的问题就显得非常突出。

（9）基层党组织开展群众工作形式单一

在本次的调研中本小组发现94%的党员表明开展群众工作和宣传主要是通过定期召开群众大会。在形式上非常单一，难以引起党员和群众的重视和兴趣。这个原因主要是在于受固定思维的影响，好像觉得群众工作只能如此开展，难以找到一个新思路。本次调研发现基层党组织的群众工作难以真正地吸引当地的群众来主动参与。

（三）建议及对策

针对以上的问题本调研小组提出以下几点建议和对策：

（1）建立共享党员机制，实现共同治理

在本次调研中虽然农村党员总数不少，但是大多数是60岁以上老党员和流动党员。这些党员难以在当地的基层党建中发挥重要作用，虽然一个村常驻的青壮年党员很少，但是如果将全乡的党员集合起来总数仍然不少。本调研小组认为在这些农村党支部建设中完全可以几个村联合起来共同治理，比如，对于九井村来说，党员很少甚至连纪检小组长都没有，但是如果九井村和峰门村联合，向峰门村共享其纪检小组来负责九井村的纪检工作，问题便得到解决。而且由于峰门村的纪检小组日常与九井村并无交集可能其纪检效果还会更好。当然九井村需要付一定的工资给峰门村的纪检小组且按照绩效来实行支付。这个共享党员的机制并不是说要将几个村合并起来，只是将部分的职能做出一定限度的让渡，也就是说在某个村需要做某件事而本村又无相关的机构、组织时，临时向其他暂时用不到这个相同机构或组织的村来进行一种共享、借调，并使这样的共享形成一种机制。

（2）引入第三方运作机制，助推基层党建

本调研小组认为可以以村委会的名义发布募集令，公开向社会招聘村主任或者治理团体，前提是招聘个人或是团队必须是党员，承诺在其个人或是团队治理当地村过程中若是能带动发展，提高经济发展水平便给予其一定比例的分红。而村委会和村党支部则可以作为一个董事会定期监察。一方面对于招聘的人来说有着一定的吸引力，另一方面由于招聘的人员或团队都是党员，这也在一定程度上解决了农村青壮年党员不足的问题。这其实是用公司化的方法运用到基层治理中。在本次的调研中我们发现在基层党组织中最突出的问题就是基层党员相对不足，而造成这种现象最重要的原因就是农村的吸引力远不如城市，留不住青年人。所以，要解决这个问题最主要的还是要加强农村对于青年人的吸引力，而在当前的环境下最能够吸引青年人的是资本，这也是农村最缺的。所以，只能用一些隐性资本来弥补，比如一个农村的发展后带来的红利或是一种开发分红，所以，本小组提出上述建议来吸引城市的青年党员，再将吸引来的党员合理安排到当地的党支部里，这样既可以带动当地经济的发展又可以解决基层党员人手不足的情况。

（3）降低党员选拔学历标准，注重吸纳乡村精英

在西部欠发达地区教育体系并没有大城市那般完善，大专以上教育并没有普及，在这些基层农村地区要达到大专以上的学历很难。而且本调研小组认为党员在农村主要是发挥先锋模范作用，高学历固然重要，但是对于西部欠发达地区更重要的是脱贫致富方面的带头示范作用。所以本调研小组认为只要在当地有干劲、有能力的青年人就可以成为党员发展对象。高学历的要求主要是在提升党员的素质与质量，我们认为当前的义务教育加上党员培训完全可以做到这点。所以我们认为可以适当放开党员选拔标准。

（4）依托现有机制，发挥驻村第一书记作用

加大后备党员的培养力度，另将60岁以上的老党员组织起来组成一个先锋模范组，加强在党性方面的先锋模范作用。在管理方面，要求实行横级管理，让党参与到一切中去，由党支部带领村委发展。

在本小组的调研中我们发现了一个现象，现在在基层农村，驻村第一书记是精准扶贫的一个重要因素。在本次调研中发生了这样一件事：在祇园村有一个第一书记每次去祇园村都会带上米油等物品去看望当地的贫困户，但是当上级部门下来巡查的时候，这个贫困户还是在责怪这个驻村第一书记好几天未送

来东西，没有带领他们脱贫，这件事被祇园村的书记知道后上门狠狠教育了这个村民，而这个村民事后也向驻村第一书记道歉。这其实说明驻村第一书记的任务并不是让一个人脱贫，而是着眼于全村，让全村的收入提高。所以，在基层党支部的建设中我们应当加大对于驻村第一书记的宣传，完善相关制度，保障驻村第一书记的权力从而更好地发挥其作用。

（5）创新流动党员管理方式，构建动态管理机制

首先要建立自下而上实行流动党员排查上报制度，进行动态跟踪管理，并对流动党员的职业、工作、居住地、联系方式等情况进行详细登记，建立信息档案。其次，健全流动党员制度，注重宣传教育，落实《党员活动流动证》，加强对流动党员的党性观念、组织纪律和流动党员活动证的管理使用等方面的教育。第三，要打破城乡和区域界限，构建城乡一体党员动态管理机制，实现"组织共建、党员共管、资源共享"，推动城乡互动、区域联动。要拓宽工作思路，创新工作方法，形成党员流动管理的经验，突破村党组织对党员单一管理的职权限制，加大财政投入，积极探索在外出务工人员相对集中地组建流动党组织，建立村委会与城镇基层党组织、流出地和流入地两个或两个以上党组织共同实施、共同管理、农村入党积极分子共同培育和发展的动态管理机制。在思想教育上充分发挥网络作用，实行"互联网+党组织生活"。对于流动党员可以在网上定期进行集中党课学习和网上缴纳党费等。总之就是加强对于流动党员的多形式、动态管理。

（6）提高党员党性修养，完善干部绩效考核

要充分发挥党校、行政学院、干部学院等的作用，加强思想政治理论和科学文化知识学习，特别注意村党支部干部的政治素质和法律素质的培训，切实提高农村党员干部的素质和党性修养，提高民主领导、依法领导的自觉性。进一步开展农村党员干部现代远程教育，建立起让农村党员干部经常受教育、永葆先进性的长效机制，着力增强党员干部带领农民发展致富的本领，提高利益协调、矛盾化解的本领。对于考核机制来说主要针对的是绩效考核，这一块是与绩效工资挂钩的。本调研小组认为绩效考核不应该只是单纯地以分数来确定考核分数，在现实的考核中农村基层党员的绩效工资是完全与绩效考核分数挂钩，如：绩效考核是98分那么最后的绩效工资就是所有绩效工资的百分之九十八，这样做其实我们认为是在进一步降低基层党员干部的工资，所以应该建立绩效考核等级分为优良差不及格四等，对于优等可以直接领取绩效工资的百分之百，良等则是百分之八十，差等则是百分之六十或更低，而不及格则全部没收绩效工资。

（7）提高党员待遇，保障党员合法权益

在本调研小组这次调研地村一级党支部的书记的工资共计构成是两个部分——实发工资和绩效工资。这样一个月下来实发工资也就 800 多块，就算加上绩效工资才 1400 多元，而在乐山市最低工资保障是 1380 元，由此可见在本调研小组调研地的工资待遇确实较低。本调研小组认为在实发工资与绩效工资外还应设立一个以村党支部的名义建立的公积金工资。对于公积金来说主要是为党支部成员购买相应的保险如五险一金，以此来调动村一级党支部的积极性。另外，也为村一级党支部提供一些理财的信息，拓展村一级党支部及其成员的收入来源和投资途径。

（8）合理利用网络资源，加大乡一级党组织建设

现在对于基层党组织来说要求党管一切，这便加大了基层党组织的工作量。以本次调研地九井乡来说，在九井乡一共只有三个人负责党组织建设工作以及对应的工作有组织人事、党的建设、下属支部的组织生活的监督开展、软件资料制作的指导、党课、党员发展等等，除此之外还要负责脱贫攻坚等的工作。所以基层党组织人员的数量与工作量是不成正比的，这就急需扩大基层党组织建设，扩大乡镇党组织规模。另一方面，利用网络简化工作量。对于党课以及党组织活动等尽量在网络上进行。本调研小组认为党管一切主要是体现在监督和结果控制上，对于具体过程的实施还是应交付相关部门执行。

（9）简化党员处罚流程，建立高效处罚机制

在这次调研中本调研小组发现在调研地处罚一个党员过程非常烦琐，导致一些党组织不愿意去处罚或开除素质较差的党员。我们认为在这个方面有以下几个方法：首先，简化党员处罚流程，尽量简化处罚需要的准备的材料，在核实情况下甚至可以先处理后交材料。其次，发挥上文提到的先锋模范小组的作用，将处罚党员的材料准备工作交由老党员来负责。第三，建立党员处罚的网络平台，村乡县三级都在平台上开通服务，这样任何一级党员需要处罚可以立即得到上级党委回执。

（10）充分发挥网络作用，创新宣传方式

在此次调研中我们发现，基层党员对于乡党委和村党支部的关于党的政策宣传并没有表现出适当的重视，这主要是因为宣传的方式较为单一，不符合当下的实际的原因。所以，充分利用网络作用在进行宣传的时候可以利用网络流行语或是制作动漫小视频等来进行宣传，效果可能更好。具体来说，用一种大家都喜闻乐见的方式来寓教于乐。

结　语

以上是我们小组本次调研的全部成果，我们认为现在对于西部欠发达地区的基层党建问题来说，问题是比较突出的。在当下要求党管一切的情况下切实解决西部欠发达地区的基层党建问题有利于缩小东西部的差距，进一步推动党的合理有序发展。

参考文献

［1］吴存兰．基层治理与农村党建研究［J］．《科技展望》，2016.29.

［2］邵峰．农村党建工作新思路与细节问题研究及讨论［J］，《南方农机》，2016.12.

［3］王野，左靓．社会主义新农村党建工作新思路［J］，《辽宁师范大学学报》，2014（7）.

［4］伊志慧．新农村建设背景下农村党建工作的发展思考［J］，《改革与开放》，2017.02.027.

［5］缪海燕．新时期农村党建工作的探究［J］，《南方农业》，2015.05.

［6］康晨．改革开放以来中国农村基层党组织建设研究［D］．陕西师范大学，2013.

［7］肖纯柏．农村基层党组织功能实现途径研究［D］．中共中央党校，2008.

［8］向浩维．当前农村基层党组织建设研究［D］．西南大学，2013.

城乡一体化背景下基层党建
——以临邑县为例

团队负责人：魏扬明　　　　　　　　　　　　　　指导教师：于其欣

团队成员：杨霄、朱鸿基 桑振博、郭伟、王薪然

一、基本情况

临邑县临邑镇下辖 19 个社区 87 个村组，面积 89 平方公里，人口 4.2 万。近年来，临邑镇领导班子在县委、县政府的正确领导下，在社会各界的关心支持下，一心一意谋发展，凝心聚力抓党建，深化服务促和谐，聚焦目标，精准发力，倾力重点打造党建示范镇，积极推进城乡一体化党建，努力做到党建科学化。结合临邑镇城乡一体化基层党建工作实际，力争全镇各领域、各行业、各单位党的基层组织都有健全完善的基本组织、素质优良的基本队伍、务实有效的基本活动、科学管用的基本制度、稳定可靠的基本保障，使基层党组织充分发挥推动发展、服务群众、凝聚人心、促进和谐的作用，使广大党员牢记宗旨、心系群众，提升基层党建工作整体水平，发挥基层党组织战斗堡垒作用、基层干部骨干带头作用、广大党员先锋模范作用。临邑镇地处临邑县城乡接合部，城郊村较多，具有统筹城乡发展的基础和条件。为此，我院党建调研队成员魏扬明、杨霄、朱鸿基、桑振博、郭伟、王薪然一行六名同学利用暑期时间对临邑镇城乡一体化党建展开实地调研。

二、项目目的

党的基层组织是团结带领群众贯彻党的理论、路线和方针政策，落实党的战斗任务，是党全部工作和战斗力的基础。党的十八大报告在全面提高党的建设科学化水平方面要求"创新基层党建工作，夯实党执政的组织基础"。报告提出"要落实党建工作责任制，强化农村、城市社区党组织建设，加大非公

有制经济组织、社会组织党建工作力度，全面推进各领域基层党建工作，扩大党组织和党的工作覆盖面"，"健全党的基层组织体系，加强基层党组织带头人队伍建设，加强城乡基层党建资源整合"。这是根据新的形势和任务发挥基层党组织战斗堡垒作用做出的新概括、提出的新要求。构建城乡统筹的基层党建新格局理应包括广大新兴农村城市化地区的基层党建这个层面，也即"城乡一体化基层党建"，它的构建具有切实的紧迫性与必要性。在城乡一体化背景下，为增强目前理论界关于这一问题研究的薄弱环节，增强研究的串联性，提高学术的整体性，丰富相关研究的理论视角，创新研究方法，丰富相关理论，为深入探讨相关问题提供资料借鉴和理论基础。党的工作最坚实的力量支撑在基层，最突出的矛盾问题也在基层。只有把党的基层组织建设得生机勃勃、坚强有力，才能在各种严峻形势面前，经受起任何风浪的考验，党的执政地位才会固若磐石。为贯彻落实相关方针政策，推动基层社会治理，提高基层建设组织能力，我们希望通过对城乡一体化基层党建进行实践研究，通过了解基层党组织建设、思想建设、作风建设、制度建设、反腐倡廉、党内民主建设、存在的问题和经验，推动城乡一体化基层党建的实施成效。

三、项目内容

中国共产党一直以来把党的建设作为争取革命胜利、治国理政的法宝，对基层基础建设不断探索、实践、总结。党的十八大以来，中央坚定"党要管党、从严治党"的决心，特别是习近平总书记"四个全面"战略布局，将党的建设放到战略部署高度，标志着以"从严治党"为核心的基层党建工作氛围初步形成。作为党的一级地方组织，适应新形势，引领新发展，必须对城乡一体化基层党建工作有深入的研究和思考。对新时期进一步加强基层党建工作指明了方向，提出了具体要求。基层党的建设水平在不断提升的同时，也存在诸多问题。该项目围绕城乡一体化基层党组织建设、思想建设、作风建设、制度建设、反腐倡廉、党内民主建设、存在的问题和经验进行调查分析，了解基层党组织在基层社会治理中的作用，分析城乡一体化基层党建现状、存在的问题，以及导致问题的原因，总结经验，针对基层党建存在的问题提出建议。

四、项目方法

（一）文献资料法

登陆中国知网，检索关于城乡一体化基层党建相关论文资料，进行整理学习。

（二）实地调查法

于 2017 年 8 月在山东省德州市临邑县进行实地调研，对临邑县城乡一体化基层党建工作进程现状进行资料收集。

五、项目结果

通过对临邑县临邑镇的实地调研，我们全面深入地了解了临邑县关于基层党组织建设、思想建设、作风建设、制度建设、反腐倡廉、党内民主建设等存在的问题和具有实际意义的工作经验。

（一）基层党委组织及领导班子建设

临邑县临邑镇村级党支部领导班子为三年一届，村级党支部领导班子由全村的全体党员采取"两推一选"的方式选举产生。"两推"，是指村民代表推荐和党员推荐。"一选"是由全体党员选举村民代表和党员推荐的候选人，选举最终一般产生一名村支部书记、一名副书记和两名支部委员。乡镇一级党委，一般是五年一届，比村里要多两年，班子的形成方式是通过各级党员层层选拔产生。乡镇党委的选举，首先在党员中选举党代表，然后再通过开会选出候选人并上报县委。县委前期通过对候选人的考察，确定初步人选。在确定初步人选后进行差额选举，最终产生新一届乡镇党委领导班子。新的乡镇党委领导班子通过选举产生九名委员，从九位委员里面再进行选举，产生一名书记、两名副书记及六名党委委员。

通过调研我们了解了临邑镇党委成员和党支部成员的数量、来源、年龄结构、学历等基本情况。关于党支部的成员数量问题，党支部一般为一名支部书记、一名副书记和一名委员，人员比较少的支部，只需要选举产生一名支部书记，而不再选举产生委员。党支部成员的来源主要是乡镇所辖村的村委成员，通常是一些有丰富工作经验的基层工作人士。村支部的成员主要来自村里年富力强的党员，大多数是一些学历比较高、工作能力较强的年轻人。由于现在党员发展的数量比较少，年轻党员也比较少，所以临邑镇年龄结构总体上来说偏大。同时，临邑镇目前党员学历相对来说比较低，主要表现在初中毕业生较多，真正的高中毕业只占小部分，大约有十几个人，大专以上学历的更是寥寥无几。因此，在发展新党员的工作中，临邑镇对学历方面有了新的要求，即根据当地实际情况制定相应的指标进而发展年轻、高学历为主的新党员。

基层党员结构有很多，有机关人员、企业职工等，但是农村党员所占的比例最大。目前，农村发展党员逐渐趋向于培养后备干部的目的来发展，基层党组织发展党员的前期会观察他是否能够胜任农村基层工作，如果通过培养后能力突出的人能够胜任相应工作，就有机会通过选举纳入我们基层村干部的行列。

从中央到地方的党委领导班子的产生方式是实行同级选举，即同级选同级，不跨级选举。因此，乡镇党委班子是在乡镇的党委委员里选举产生。

普通党员和党政班子各自的工作。普通党员每个月都有党员活动日，党员活动形式多样、内容丰富，全体党员都需要参加，通过一系列集体党员活动来提升自己的综合素质。党员可以采取各种方式组织或参与相关活动，比如打扫卫生，宣传移风易俗，带头成立帮扶队等等。今年临邑镇组织了党员志愿者服务队，在麦收期间为贫困家庭做麦子收割、播种的帮扶服务。同时，乡镇党委领导班子成员在工作范围之内也会对贫困家庭给予相应的帮助，充分发挥基层党组织成员和党员的模范带头作用。

关于党政联席会议制度。党政联席会议参会人员是由党支部、政府部门相关人员、重要工作以及突发性事件的相关人员参加。会议召开通知下发一般是以电话通知为主，如果遇到重大问题会提前以书面形式通知，这就使得领导班子成员有相应的时间思考，从而不至于仓促无措。同时，党政联席会是乡镇党委以及比乡镇党委更高级别的党政部门商讨相关紧急问题的制度。即遇到重大问题如大的开支、工程和重要的改革需要决策时，通过召开党政领导班子联席会议进行讨论研究，统一意见最终确定解决问题的方法和措施。党政联席会目前已经形成其相应的比较完善的会议制度。首先是书记办公会，即以镇级党委联合，一般是一周一次，有特殊情况有时候一周二到三次，甚至还会更多。现在的党政联席会议相比之前开展得更加民主化，一改以前党委书记搞"一言堂"的做法，有什么重大问题都要事先坐下来研究讨论，大家集思广益提出相应解决问题的办法，并把讨论结果在党政联席会议上通过，采取更好的方式方法推进重点工作。

当下我国党建组织建设取得一定成果的同时也存在一定的问题。我国现在有9000多万党员，接近总人口的十五分之一。当前我国党员队伍建设存在诸多问题，主要表现在人口流动带来流动党员问题，失联党员问题等。临邑镇拥有近1000名党员，目前乡镇及各级党建部门正在通过灯塔在线党员信息系统，对党员信息进行普查统计。这有利于我们了解党员的具体信息，针对失联党员和已经去世的党员，通过上报相关部门进行集中处理。乡镇基层党员队伍还存在年轻党员外出务工所引起的党员老龄化问题，这就对老党员的管理提出了新的要求。针对出现和遇到的各种问题及情况，都需要乡镇党委根据实际情况来开展相应的工作，这就导致乡镇党建工作量的加大，使乡镇党建存在工作量大而不精的问题。

针对农村弱势党员问题，我们了解到每年七月一日前夕临邑镇党委领导班子会到弱势党员家中进行走访，针对党员家庭的具体情况，乡镇党委给予其相应的资金补助。主要包括对做出过突出贡献的贫困党员给予 1000 元资金补助，对其他贫困、生活不能自理的党员每人 600 元资金补助。同时，针对有自主创业的党员，有需要进行投资贷款的，党组织可以为其提供力所能及的帮助。

（二）思想建设

关于民主生活会的召开，村级往往是一季度召开一次，镇一级是半年召开一次。民主生活会的形式是村里组织党员、群众代表讨论村里的问题，支部书记和班子成员做介绍及总结自己工作的不足，当面提出，虚心接受群众的批评和进行自我批评。镇上的民主生活会就是涉及党政班子成员，其实形式还是一样的，半年来开展的有哪些工作，本身还存在哪些问题，参与人员可以向发言的人提一些意见和建议。

民主生活会相关议题是对组织工作的总结、批评与基层干部的自我批评，参会人员进行相应的建议发表。参会的群众代表是村中姓氏相同的一个大家族或一个小队里选出来的一个或多个代表，针对群众代表所提出的批评性意见和整改过程由乡镇相关人员监督，即每月召开的党员活动日，乡镇相关人员一个月至少去村里一次，通过深入基层了解村里的工作情况及对批评意见践行情况的落实。村里通过生活会，将其会议材料或者批评意见上交到镇上，之后镇上通过不定期去村里检查的方式来了解情况。目前临邑县临邑镇的民主生活会的现状主要是提出批评和自我批评，即发现基层领导干部本身存在的不足，以及其在今后的工作中如何改进和完善。

（三）作风建设

思想作风：努力发挥中国共产党党员的模范带头作用。中国共产党及领导下的共产党员，能否时刻牢记共产党的宣言，把每个党员干部的思想、行动完全统一到党的坚定信念上来，关键靠每一个党员对党的热爱与忠诚！共产党员不需要个人主义、本位主义、拜金主义；更不要只喊口号，让党性、原则、正义、行动在个别党员干部身上打了折，要时刻服务群众，接受群众监督。更重要的是，每个党员在各个岗位发挥其先进模范的同时，还要坚持不懈地为党的事业，为社会稳定、团结，努力工作；牢固树立党员在社会主义建设、经济建设大潮中敢为人先、积极进取的良好形象。党员模范带头作用的弘扬也是乡镇开展党员活动日的初衷，每一名党员都需要做到真诚地为人民服务。在每一个支部进行一项工作的时候，党员要发挥自身的价值，肩负党员的"使命感"，真正认识到党员为人民服务的工作意义。乡镇上会不定期召开党员学习会议，统一学习上级精神，统一思想，为党员提供精神鼓励和工作动力。

学风建设：临邑县临邑镇党委班子成员学风建设主要包括两个方面。其一，每周五下午进行共同学习。通过集体学习县委组织部要求的学习材料，发表个人看法，交流个人观点，在相互之间的集体学习中得到相应的提升。其二，每月最后一个周五开展党员活动日，组织村里党员学习相关材料。

工作作风：通过会议学习加强党员思想道德建设，帮助党员树立正确的思想作风和工作作风。

党员生活作风方面：作风建设、思想建设、学风建设等都囊括在中央出台的八项规定之内，为了全面具体地贯彻落实中央指示，对于每一名党员自身的素质提升党委都提出了明确要求。为此，临邑镇通过开展生活作风建设，每一名机关干部针对自己的工作生活，至少给自己提十条不足之处，同时将一些领导班子成员的材料汇编成册，在给自己提出缺点的同时，也要给他人指出不足。根据提出的不足之处，采取恰当的方法进行改进和规范。如今，临邑镇把作风建设活动不断推广。通过开展这项活动，临邑镇政府已经收集了将近1000条建议，通过不断的自我完善从而更好地开展工作。

（四）制度建设

关于党费缴纳和使用。针对基层党费缴纳和使用问题，县组织部要求每个月需要上交党费，村里党费由村支书负责收取，然后统一交到镇上，由镇上统一交到组织部。村级相关党费缴纳为每月一交，相应的缴纳标准为普通党员一个月5毛钱，支部书记一个月5块钱，工作的党员按照工资高低根据相应的比例进行缴纳。主要表现在其基本工资低于3000元的每个月交千分之五，超过3000元的每个月交百分之一。党费交上来以后，乡镇党委可以提取百分之四十用于购买党的刊物和基层党委工作所需的物品、党支部场所的维修等，也可以作为党员培训的经费，但是总额也不能超过所缴纳党费的百分之四十。

关于学习制度。每周五的下午集中学习，倡导学习常态化。同时，学习的方式多种多样，学习内容丰富广泛。包括观看一些教育题材的电影和视频，学习习总书记的系列讲话和党中央的政策以及部分法律法规等。为了更好地学以致用，党委年终会对全体党员进行学习内容的考核。

"两公开一承诺"的评议（激励农村党员的一个方式）两公开：公开党员身份和公开党员积分（公开党员积分是一种激励机制。每一个党员都有一个积分手册，参加每次活动会加相应的分，例如打扫卫生、参加会议、参加培训等，最终会公开每一名党员的积分。最终的奖励是精神上的奖励。公开党员积分是对党员进行评议的一个重要指标。）一承诺：每个党员向大家承诺要办一件事情。依据每个党员的能力，为群众妥善做一件实实在在的惠民事。"两公开一承诺"年终将以评议的方式进行奖惩（做得好的进行表扬，做得不好的进行一对一帮促。这种做法也在全县得到了推广）。评议方式是村民代表和村民党员给每一名党员进行测评，达到了民主评议的效果。

关于党建辅导员。党建辅导员与乡镇党委不仅有相互联系的作用，也有指导，帮助困难群众的作用。因此，乡镇下派了农村党建辅导员，下派的辅导员对该地具有一定的熟悉程度，方便开展工作，进一步加强与党委党支部的沟通、联系。党建辅导员的工作较为琐碎，例如，每次开党员活动日，党建辅导员对每一个党员都要熟悉，对农村状况深入了解，并不是简简单单地到一个村里去看一眼。同时，党建辅导员能发现很多问题，比如村里脏乱差问题、社会风气的问题、移风易俗的问题、村霸的问题，新房矛盾的问题、社会治安的问题等等，他们善于发现问题，通过乡镇网络信息反映，来及时地解决和处理问题、化解矛盾。面对诸多问题的基层农村，农村党建辅导员就能够及时联系群众和乡镇党委进行沟通，解决问题。因此，党建辅导员的存在还是具有实际意义的。

各级部门之间有相应的工作交流。每一项工作大家相互观摩、评比、取长补短。一般情况是乡镇之间相互联系，重大工作县委组织部会统一协调，开座谈会等。

关于党建工作的宣传。临邑镇建设了微信公众平台，一些党建活动也会发布在上面，临邑镇政府开办了网站，百度搜索就可以及时了解乡镇的发展情况。当然，镇上也会探索更多更好的做法，通过县里的公众号或者利用电视媒体、报纸等方式来宣传临邑镇的党建工作。

（五）反腐倡廉

反腐相关工作。反腐工作首先从乡镇层次上讲，纪委会专门抓这方面的工作。第二点，每个村里都会配一名纪检委员。针对可能会出现的相互之间隐瞒包庇的问题，前段时间热播剧《人民的名义》给出了相应的正确答案。村里纪检委员也会对财务、政务保障等起到监督作用，并且每个村都会成立一个监督委员会，也包括保障、重大事项决策等功能。村里必须经过他们的同意，才能动用财务，比如村里财务有一万元，想动用这些钱必须先写申请书说明钱的用途，经过相应的审批且纪检委员签字后才可使用相应资金。

关于开展反腐工作所遇到的困难。不言而喻，开展反腐工作会有一定的困难，主要表现在大家彼此关系都非常熟悉，存在一定的人情关系问题，导致工作无法很好地开展。但是通过选拔村里的纪检委员，由乡镇统一给发放工资，他们要根据自己了解的情况逐级汇报，对相关工作起到监督作用，所以对反腐工作改进有一定的成果。

关于纪检委员。纪检委员每个月需要接受相关培训，从而建立检查的保障制度。纪检委员的工作也受到相应的监督，主要表现在，对纪检委员的监督主要来源于上一级，纪律检查指的是党内的纪律检查，党外相应的纪律检查不属于纪委所管辖的范畴，而是由检察院等主管部门负责。像村委会主任，如果不是党员，我们的纪检委员有权利举报，但无权利办理。

（六）党内民主建设

目前党内民主建设已经常态化，每个月的党员活动日镇上会派出一个指导员到村里去开展各项活动。一开始仅仅是进行指导，发展到后来便逐步成为常态化。再者，党员参与党内事务、民主决策等，大家都有很高的积极性，思想觉悟和责任意识都提高了。以前大家存在不想说、不敢说的问题，现在这方面问题已经大有改观，每位党支部成员作为支部的一分子，都有责任与义务积极参与到讨论中去，积极进言献策。

该地党内民主的创新。承诺与评议。承诺不犯错误，通过这项活动使得每项工作都得以促进。两学一做的创新制度包括开展民主生活会，看似很简单，却也囊括了整个党建工作。

（七）存在的问题

针对基层党建中存在的困难，乡镇党员工作复杂，每一名工作人员都践行着繁杂琐碎的工作。首先一条重要的原因是人手不够，工作人员手头工作繁忙，但他们精力很有限，有时会造成工作延迟或拖沓。第二条是工作量太大，工作到了基层，都得需要乡镇党委班子成员来完成，目前临邑县共有120多个科、局，一个科局每天安排一项工作，就相应的有120多项工作需要乡镇相关部门去完成。临邑镇党委书记讲到其在最初接手党建工作时，党建的微信群就有四个。同时党建部门还要分管扶贫工作，扶贫工作每天会有两项工作，每一项工作都需要下达到乡镇各个主管部门，在相应的人员给出回复后还得给上级部门回报相应的情况。其次是工作比较杂，上边来了工作，全部一股脑地下达到基层，不考虑工作的开展适不适合基层来完成。在此临邑镇党委书记认为上级相关部门负责人员有推卸责任的倾向，他们把工作安排给基层主管部门，相应地出了任何问题也是基层的原因。这就会导致基层乡镇党委工作不细致，出现应付上级的现象。

六、项目分析

城乡一体化基层党建。具体来讲，就是适应工业化、城镇化及城乡统筹发展的需要，在全面推进各项领域基层党建的同时，努力打破城乡区域界线，改变城乡党建自成体系、相互分离的状况，及时对党组织功能、党组织设置、党的活动方式及党员教育管理等方面进行调整改革，通过统筹兼顾、突出重点、分类指导、整体推进、整合资源、形成合力，积极推进城乡党建在观念、资源、工作上的"三大统筹"，形成城乡共建组织体系，有效整合城乡党建资源，对城乡党员实行一体化动态管理，促进城乡党建优势互补、相互融合与全面协调发展，切实解决基层党建工作中存在的突出问题，使党的建设更好地适应社会发展新形势。

十七届四中全会《决定》中指出"构建城乡统筹基层党建新格局，统筹城乡基层党建工作，促进以城带乡、资源共享、优势互补、协调发展"，"加强城乡基层党建资源整合，普遍推行机关、企业、社区党组织同农村党组织结对帮扶负等做法，推动城乡基层党组织互相推进"。十八大报告进一步强调了"健全党的基层组织体系，加强基层党组织带头人队伍建设，加强城乡基层党建资源整合，建立稳定的经费保障制度。以服务群众、做群众工作为主要任务、加强基层服务型党组织建设"。

随着城市化快速发展，我国基层党建传统模式受到新的冲击，基层党建面临新的课题。面对挑战，一要稳抓组织建设，促进城乡组织一体化。二要抓工作融合，促进城乡基层党建组织工作互促共融。三抓资源优化，促进城乡基层党组织资源共享。四抓机制保障，促进基层城乡基层党建长效发展。

访谈过程发现的基层党建中存在诸多问题。一是基层党建人手不足，导致相关人员多面手，即各项工作都管，各项工作都不精的问题。二是部门协调度不高，相应工作存在冗杂状况。调研过程中，书记指出党建工作微信通知群就有四个，光应付科局下发的任务就很头疼，并且有部分问题无意义或内容基本相同，县里各科局下发任务之前无相应沟通。同时各科局每天都会下达相应通知，并且通知时间紧，任务重，乡镇只能依靠走形式化去完成相应工作。三是部分党建问题存在形式主义，基层完全受到上级相关通知指示控制，无相应的自主权和充足的时间及人员完成相应工作。四是基层部门相关人员素质能力参差不齐。根据实地调研，我们了解到乡镇党员目前绝大部分党员文化水平和学历水平较低，人员年龄结构老龄化问题严重，这就导致基层党员队伍素质及各方面能力问题相对较低。

七、结论与建议

在当下城乡一体化大背景下，构建城乡一体化新格局是一项系统、全面的工程，也是一项艰巨的任务。党的十八大报告提出"加强城乡基层党建资源整合"，对于构建以城带乡、城乡互促、资源共享、功能互补、共同提高基层党建工作新格局，具有很强的现实针对性。在具体实施和推进过程中，既要统筹兼顾、全面推进，又要结合实际、突出重点、抓住关键，以重点工作带动整体工作。针对临邑镇在推进工作中面临的问题，结合调研取得的信息，对于加快构建城乡一体化背景下基层党建调研，结合个人观点做出以下几点总结和建议：

一是抓好党员干部培训是推进城乡一体化基层党建的中心环节。临邑镇应当发挥党校的积极作用，结合持续开展的各项学习教育活动，对农村广大党员干部进行各种教育培训，提高主要干部的党性观念、宗旨意识，进而提升他们的政治觉悟和带领群众致富的本领，坚定广大党员干部为民服务意识。

二是选拔好班子带头人是推进城乡一体化基层党建的重中之重。建设好党支部，选拔能力突出的带头人和领导班子，充分发挥领导的核心地位和作用。

三是建立城乡各部门沟通机制是推进城乡一体化基层党建的重要一环。完善每个部门通知工作下发交流机制，避免走形式化而一味地通知基层部门进行无谓的工作。要最大程度地发挥人力物力财力，避免做无用功，全面提升工作效率。

四是以活动为载体，进一步转变工作作风，是推进城乡一体化基层党建的关键。通过开展一系列活动，进一步转变了村党员干部的作风变上访为下访，使一大批困难群众的热点难点问题得到解决，极大缓解了干群矛盾，密切了党群关系，为基层组织开展创造了良好工作环境。因此，强化农村基层组织建设的关键，就是转变党员干部的工作作风，要强化为民办实事的意识，集中力量尽快解决关注的热点难点问题，增强群众对农村基层组织的信任，从而不断提升基层农村组织的凝聚力，吸引力和号召力。

五是建立城乡交流机制，建立城乡一体的党员管理及服务体系是城乡一体化基层党建的根本保障。临邑镇应当加强上下沟通，加快完善全国范围内"灯塔计划"，同时以党员服务为中心，不断组织志愿者开展服务活动。实现城镇党员对农村党员各方面的帮扶，着力解决农村困难党员的难题。

结语

党的十八大提出"创新基层党建工作，夯实党执政的组织基础"，"全面推进各领域基层党建工作，扩大组织和党的工作覆盖面，充分发挥推动发展、服务群众、凝聚人心、促进和谐的作用，以党的基层组织建设带动其他各类基层组织建设。健全党的基层组织体系，加强基层党组织带头人队伍建设，加强城乡基层党建资源整合"。新形势下构建城乡一体的基层党建新模式，要以加强党的执政能力建设和先进性建设为主线，坚决贯彻落实习近平总书记"全面从严治党"重要思想，不断创新党组织的设置模式、运行机制和活动方式，努力实现城乡基层党建优势互补、相互融合、协调发展，以城乡党建一体化来推进地区城乡一体化水平的全面提升。

现阶段临邑县临邑镇构建城乡一体化基层党建工作，建议在全面推进全镇党的思想建设、组织建设、作风建设、制度建设、反腐倡廉建设的基础上，努力增强基层党组织服务统筹城乡一体化发展能力，切实抓好城乡一体化基层党建工作。努力实现城乡基层党建优势互补、相互融合、协调发展及城乡统筹发展的目标。

附录：

临邑县城乡一体化基层党建调研访谈提纲

访谈目的：为深入了解临邑县临邑镇城乡一体化基层党建的具体情况，我院魏扬明、杨霄、朱鸿基等六名同学同临邑镇党委书记徐书记进行访谈交流，了解当地城乡一体化党建的具体情况。

一、组织建设

1. 基层党领导班子构成，产生方式及任期。

2. 党支部成员的数量、来源、年龄结构、学历等基本情况。

3. 党支部书记的培训及工作情况党政班子工作情况。

4. 贯彻党政联席会议制度的情况。

二、思想建设

1. 民主生活会开展情况。

2. 民主生活会的召开频次。

3. 会议形式，会议的主要议题。

4. 上级相关文件的要求是什么，与上级相关文件要求的切合程度。

三、作风建设

1. 思想作风建设

2. 学风建设

3. 工作作风建设

4. 领导作风建设

5. 干部生活作风

四、制度建设

1. 了解本地支部、总支（或党委）规章制度的情况，主要包括会议制度、学习制度，党费收缴与使用，党员培训、考核及奖惩制度等情况。

2. 本地对相关制度的宣传、贯彻和执行情况。

五、反腐倡廉

1. 反腐倡廉工作的开展情况。

2. 具体如何开展，形式是什么。

六、存在问题和经验介绍

本地基层党建工作中存在的困难以及本地党建工作的特色做法。

七、党内民主建设

本地在实行党务公开、拓宽党员参与党内事务渠道等推进党内民主的措施方面的情况、创新举措等。城乡一体化基层党建的情况及相关文件的执行落实情况。

基层共青团社会服务职能实现路径的调查与分析
——基于淄川区团委"牵手关爱行动"的考察

团队负责人：张硕   指导教师：毛田惠

团队成员：周文龙、郭苹苹、孙龙美

一、项目目的

共青团自成立以来，不管是在党领导的革命斗争时期还是在社会主义建设时期都发挥了不可替代的作用。在当前党的执政理念发生变化，政府的社会职能面临转型的巨大变革中，共青团必须及时将工作中心调整到切实的服务上来。

一直以来，共青团的职能定位和未来发展趋势，不管是学界还是组织中都存在着争议和分歧，这也导致许多基层团组织对自身的定位不清，无法有效地履行社会服务职能，做好服务青年的工作。中央党的群团工作会议上指出："群团组织应该适应完成党的中心任务和基层工作、群众工作需要，充分体现群团组织的政治性、群众性特点，防止机关化、娱乐化倾向发生。"正是发现了问题，中央才明确要求既要体现政治性、群众性，同时也要防止机关化、娱乐化倾向，给各级团组织指明了方向。本项目将尝试运用所学知识，以实证研究的方法较深入、具体地了解当前基层团组织社会服务职能的履行现状，了解存在的主要问题及影响因素，提出有针对性的对策和建议。

本项目把基层团组织社会服务职能作为研究对象，辩证分析淄川区团委社会服务职能的履行现状、存在问题和形成原因，并提出对策，从现实的角度切入进行理论层面的分析，将为今后淄川区团委社会服务职能的发挥提供一定参考。

意义主要体现在以下几个方面：第一，有利于理清工作思路，帮助淄川区团委在全区范围内构建社会服务体系，推进服务型团组织建设水平。第二，有利于淄川区团委更好地拉近团青关系，能够真正地将青年凝聚在共青团组织的周围，引导青年围绕地方发展贡献力量。第三，虽然本项目是以淄川区团委社会服务职能为主要研究对象的，但是其中研究的问题都是全国各级团组织乃至党领导下的群团组织或多或少都要面临的普遍存在的问题，所以本项目的研究成果对其他地区和组织也同样具有借鉴意义。第四，该研究成果将积极推动淄川区党委组织部门包括党建带团建等具体政策在我区的贯彻落实，同时对未来政策的制定给予指导。

二、项目内容

本项目以基层共青团组织社会服务职能为研究对象，在社会学、管理学及政治学的相关理论指导下，广泛采用实地考察、个别访谈等实证研究方法，主要聚焦于：

第一，共青团的社会服务职能的基本理论。这一内容研究旨在深刻认识共青团社会服务职能的准确定位、社会服务职能的细化及相关理论，为后续进一步研究做好理论准备。

第二，淄川区共青团的社会服务职能履行的现状。这一内容研究旨在剖析淄川区共青团社会服务职能履行的过程中遇到的问题及原因，便于后续进一步提出对策。

第三，淄川区共青团有效履行社会服务职能的对策。这一内容研究旨在依据现状分析，提出对策和建议。

三、项目方法

依托政治学与行政学专业，并结合社会学、管理学等学科理论，充分考虑专业性，运用文献研究法和比较分析法对共青团组织社会服务职能的理论进行了科学的研究；运用访谈法、调查研究法对淄川区共青团组织的社会服务职能履行情况进行研究和分析，结合专业课程如社会调查等应用到实践当中，借助SPSS统计软件并运用多学科知识方法对收集的调研数据进行分析计算。

具体考察现阶段基层共青团组织社会服务职能的履行情况，分析其存在的问题及影响因素，提出针对性的对策和建议供决策部门参考。具体从以下几方面进行：

1. 较为系统地梳理国内外对共青团组织社会服务职能的研究成果。
2. 根据以往国内外研究成果确定本项目研究方向及角度。
3. 依据研究方向设计调查路线及方法。

4. 选择淄川区团委作为调查对象，并对调查对象开展多种形式的调查（实地走访、个别访谈等）获得较准确的一手数据。

5. 依据专业理论知识整合调查所得数据，了解基层团组织社会服务职能的履行现状，探寻存在的主要问题及其影响因素，并尝试提出解决问题的途径和对策供有关部门参考。

四、项目结果

近年来，淄川区共青团紧紧围绕地区发展实际，在传统工作的基础上，锐意创新，积极探索提升社会服务职能的新的方式和手段，取得了良好的效果。看到成绩的同时，还应正视服务职能履行中遇到的诸多问题，为下一步分析原因、寻找对策提供现实依据，让共青团社会服务职能的发展从理论走进现实。

（一）积极服务青年成长成才

共青团服务青年的宗旨就是要以服务青年成长成才，做好青年成长成才的引路人、清障夫，为青年的成长成才营造良好的社会氛围。淄川共青团从坚持深化思想引领、关爱困难青年群体、服务青年创业就业、加强青年自护教育四个方面着手积极为全区青少年的成长成才提供服务。

（二）努力深化青年思想引导

淄川区共青团主要以主题实践活动为契机，加强青少年的思想教育和引导。在全区青年中组织"'1+100'团干部联系青年""网上共青团""三会两课一制"等。其次是加强舆论引导，为青少年成长营造良好的环境。注重加强微信、微博阵地建设，重点打造"牵手关爱行动""金晖助老""青年之声乐扶公益项目""七彩假期"等专题内容，巩固团组织舆论宣传引导的网络堡垒。同时规范仪式教育，强化团员先进性意识教育。进一步规范开展"集体入团""入团第一课"等仪式活动，以分片示范的形式引导团组织创新性开展"唱团歌、戴团徽、挂团旗"活动，深入执行"三会两制一课"工作制度，以社会主义核心价值观和团员先进性教育为主线，增强团组织的先进性、凝聚力和吸引力。

（三）真正关爱困难青年群体

近年来，淄川区共青团积极动员，广泛宣传，集聚了大量的社会资源，为众多青年解了燃眉之急，先后开展了"牵手关爱行动""希望工程圆梦行动""暖冬行动""暑期公益课堂"，集社会之力帮助青年解决困难。

（四）尽力维护青年合法权益

随着社会管理结构的改革，部分青少年的管理服务职能政府将不再具体承担，这就需要共青团积极承接，参与青年社会事务的管理工作。淄川区共青团承担的社会管理职能主要是协助社区、学校开展青少年法律知识教育、社会服务和职能，提高青少年的自护意识，保护青少年的合法权益。

一是共青团与人大代表、政协委员面对面活动。深入各学校、各社区开展调研活动，了解青年的学习、生活情况，组织青年代表在"两会"前夕，与人大代表、政协委员开展集中面对面活动，向各级人大代表、政协委员介绍团组织收集到的青少年意愿呼声，与人大代表、政协委员共同磋商形成思想共识，并将这些意见带到本级"两会"上，通过大会发言、联名提出人大建议、议案和政协提案等形式，集中呼吁青少年相关问题，推动青少年普遍性权益问题的解决。

二是经常性联合公安、司法、法院、检察院等部门，走进学校开展交通安全知识活动、青春自护安全绘画活动、安全知识进校园等活动，增强青少年自我保护意识，提高自我保护能力。同时也建立了青少年维权服务平台，构建起了新媒体服务平台、"青少年之家"、青少年维权志愿服务队、青少年维权岗服务网络。

（五）努力提升组织服务水平

共青团组织服务能力的高低直接影响社会服务工作的实际效果。淄川区共青团从加强基层组织建设、提升工作骨干业务水平和加快服务阵地建设三个方面内修能力，全面提升组织社会服务水平。

1. 提升工作骨干业务水平

目前，涉及共青团社会服务工作的组织者有两大类，一种就是各级团组织干部，这是传统力量，也是主要力量，另一种就是社会组织的骨干，他们是伴随着社会文明和进步而出现的，是新生力量，也是共青团要重点培养的力量。加大团干和社会组织骨干力量的培训力度，有利于提升团组织社会服务的水平。

2. 不断加强服务阵地建设

建立共青团服务阵地，推动团的组织网络、工作力量、服务项目在青少年身边实现有形化、日常化，努力实现服务青年需求、加强基层服务型团组织建设的目标。淄川区共青团做出了以下努力：

一是积极争取项目建设和活动资金，建立服务阵地，搭建社会服务组织与阵地工作有机融合的桥梁，不断丰富阵地的活动和物资来源，提高了社会参与度，确保阵地的长期有效运行。

二是借力党群工作站服务平台，提高服务能力。党群工作站集合了包括党委、工会、共青团和妇联的综合力量，有了多家单位的合力推进，有利于提升共青团非公企业团建力量和服务水平。以工作站为支撑和辐射点，通过组织联建，工作联动，推进"两个覆盖"，以示范点创建引领党团组织和党员、团员创先进、争优秀，极大地提高了团工作的工作力度和影响力。

五、项目分析

共青团社会服务职能履行中遇到的问题来源于各个层面，概括来说，主要是基层团组织运转不畅、团组织吸引力减弱和服务对象大量流失这三个方面的挑战。

（一）基层团组织运转不畅

基层团组织是共青团履行服务职能的战斗堡垒，但是这些战斗堡垒目前正面临着诸多问题，导致许多活动无法有效开展，甚至有一些村级和非公企业的团组织名存实亡，处于瘫痪或半瘫痪状态。

一是缺少活动经费。这在镇、村两级团组织以及部分中小型的非公企业中比较普遍。以镇级团委为例，它们没有专项的组织活动经费，需要开展活动时多数采取的是逐级上报和实报实销的方式进行，因为手续烦琐，活动规模和次数都受到很大的限制。据统计，淄川现有乡镇，没有一个镇团委有专项的活动经费。

二是团干配备不齐及社会服务能力不强。基层团组织中一般要求除书记外，配备3—5名委员协助开展工作，但是这些支委多数只是挂名，并没有真正参与到基层团组织工作中，更为严重的是有的基层组织甚至连书记也出现长时间空缺的情况。镇团委书记被县级部门长期借用，与镇团委的工作全部脱离。基层团干部多数比较年轻，很多都是刚刚参加工作就会被分配到团的工作岗位上来。他们的工作积极性比较高，但是对共青团的业务并不熟悉，对共青团的职能定位和服务内容职能只了解个大概，并不十分清晰，同时缺少基层工作经验，无法有效地组织青年开展活动。与此同时，面向基层团干部的业务培训较少，很多培训设计的内容都是针对县级及以上的团的领导机关的，基层团干部很难学到有用的知识和经验。同时，由于培训的名额都是层层划分的，分配到基层，名额已经所剩无几，所以基层团干部很难有外出参观学习的机会。

知识贮备的不足和眼界的局限性也是造成基层团干部社会服务能力不强的重要原因之一。

三是共青团的权责有限。共青团的很多社会服务工作都需要其他部门的配合，但是由于团干的地位不高，无法有效调动和协调有关部门的参与热情，导致许多工作无法开展。如每年暑假期间都要对社会网吧进行专项检查，以净化青少年的假期文化生活，但是团组织本身并没有执法权，必须联合文化、公安等多个部门进行联合执法，而这项工作对于这些部门而言并不是日常工作的重点，所以他们很难分配出人力物力进行配合，所以这项工作就很难长期开展下去。

（二）团组织活力减弱

团组织一直以来都发挥着青年核心的作用，带领青年活跃在社会建设发展的各个角落，但是近来团组织的活力却在减弱，主要体现在以下三个方面：

一是非公企业团组织的覆盖率较低。小型非公企业特别是一些家庭作坊式的工商户业主的建团意愿较低，有的就算是在基层团委的积极动员下建起了团支部，但也只是名义上建团，成为常年没有组织活动的"挂名组织"。

二是团干的整体业务能力不强。淄川区专兼职团干部的个人基本素质相对较高，全部为专科以上学历，但是多数团干的业务素质并不高，对共青团的具体业务不熟悉，缺少和青年有效沟通的手段，无法为青年提出切实的服务。

三是组织间的差异性较大。由于每个团组织负责人参与和开展活动的热情不一，所在地区和单位的经济条件也不尽相同，组织活动的规模和频率也不一样，长时间没有活动的团组织的组织活力更加弱化，这部分组织和组织内的青年就会长期处于共青团社会服务职能履行的真空地带。

（三）服务对象的流失

近几年，在团组织的开展社会服务活动时，出现了无人可组织、无人可服务的尴尬情况，而这在淄川区经济基础相对薄弱的乡镇甚至已经成为工作常态。一是农村随着社会经济和高等教育的普及，淄川大多数青年到外地去打工或者求学，外地流入的青年比例很少。随着农业现代化和城市化的发展，农村青年向非农产业流动，许多农村青年背井离乡到城市去打工。农村青年的大量流失，导致农村团组织找不到服务的对象，这种现象在淄川区某些乡镇尤其明显，部分村级团组织已经变成空壳，基本陷于半瘫痪状态。同时，外出务工青年的流动性较大，流入地团组织的工作很难跟上，流出地团组织又不掌握外出青年的团员信息，导致这部分团员游离于组织之外，无法获知和参与到团组织的活动中来，久而久之也就与团组织脱离了。二是共青团对青年的吸引力在弱化。所以共青团的社会服务对象在不断地减少。

（四）共青团对青年的吸引力降低

青年是共青团社会服务职能履行的载体，但是由于青年生存环境的变化、青年需求的变化、青年社会组织的兴起，一方面青年的生存压力加大无暇参与关注其他，现代城市生活节奏加快，竞争形势日益剧烈，青年的收入普遍不高，而面临不断上涨的房价和生活成本，青年只能把精力和时间都扑在工作和生活上，很难再去关注团的工作和生活了。

另一方面随着教育体制的改革和社会对教育重要性的认识，虽然学校共青团组织体系相对健全，但是面对繁重的课业压力和升学压力，共青团的工作只能让位于教学，学生很难有机会去全面地认识共青团，而老师也没有精力去筹划团的活动。

（五）青年发展需求的多元化

随着社会经济的发展，青年的生活也发生了改变，青年的群体分化、价值取向和利益诉求也呈现出了新的特点，而共青团的工作还没有能够完全适应青年的新变化和新特点，造成了工作的滞后。

一是青年关注点的具体利益化。青年的思想观、价值观受到各种观念的冲击，已经发生了彻底的变化，已经由"政治人"变成了"社会人"，他们不再关心一些宏大的政治命题，而更加关注那些涉及具体利益的事件，而这种利益更多的是个人利益和物质利益，这是共青团作为一个政治性的社会组织所无法满足的。

二是青年需要实现自我价值的平台。目前淄川区共青团的活动多集中在一些传统的岗位建功、社会服务等强调集体价值体现方面，这与青年追求自我价值实现的需求之间就有了距离，活动对青年的吸引力就会降低。

三是社会化活动参与的需求更加迫切。共青团以往的层级管理模式都是以工作、学习的集体为单位来组织的，所以活动多集中在工作、学习时间，内容也围绕工作学习来进行。但是随着社会的发展，青年已经不再满足于这些活动内容，而更希望可以参与到丰富多彩的社会生活中去。

这些问题是在赣榆地区共青团工作中遇到的，和地方社会经济发展特点密切相关，但放眼全国，这些问题或许在各个地区具体表现形式各不相同，但确实是普遍存在的。所以，深入研究和剖析存在问题及其解决方案有着普遍的指导意义。

六、结论与建议

面对团的社会服务职能履行中遇到的各种问题，党的群团工作会议上已经对群团组织如何解决这些问题指明了方向，即坚定不移走中国特色社会主义群团发展道路；加强党委对群团工作的组织领导；团结动员群众围绕中心任务建功立业；加强服务群众和维护群众合法权益工作；在社会主义民主中发挥作用；参与创新社会治理和维护社会稳定；推动改革创新、增强活力；加大工作的支持保障力度；加强领导班子和干部队伍建设，共十个方面内容。就淄川区共青团组织而言，社会服务职能履行中遇到的问题既有共性问题，也有地方的特殊性，要从根本上解决这些问题，可以从提升地位、凝聚青年、提高能力、创新文化和健全制度这五个方面着手。

（一）提升地位让职能发挥有力度

共青团是党的助手和后备军，这是共青团的天然优势，共青团要想在未来的社会发展中占据一席之地，不仅不能让这种优势消失，更应该将这种优势扩大。有为才能有位，共青团必须在党的领导下，积极参与社会的分工和管理，围绕党的中心任务建功立业，才能提升自身地位，让团的社会服务职能的发挥更有力度。

（二）以团的政治忠诚密切党团关系，加强党建带团建工作的落实力度

共产党的青年组织是共青团区别于其他一切青年组织的唯一特性，也是最大优势，只有始终和党保持一致，服务党的发展需要，紧紧围绕党的中心任务，创造性地开展工作，以绝对的政治忠诚和贡献进一步密切党团关系，成为党最亲密的助手，才能赢得党的重视和支持。共产党是执政党，是国家一切活动的领导者，赢得了党的重视和支持就意味着得到了国家和社会的重视和认可。在具体工作中，共青团就是要坚持同级党委领导为主，开展工作时要及时听取党组织的意见，结合地方的实际创造性地开展工作。一是建立各级团组织定期汇报制度。各级团组织要注意经常性地向党组织汇报自己近期的工作和下一步的打算，这样不仅可以让党组织及时了解团的工作动态，也能为团的工作进行扶持和指导，确保团的健康发展。二是畅通区团委与基层党组织的沟通渠道，作为与乡镇党委平级的单位要尽量为基层团组织争取更多的人、财、物的支持，确保基层团组织工作的顺利开展。

党建带团建是加强团的基层组织建设的重要抓手，有了党委的支持，团组织就可以解决社会资源占有不足的问题。在党建带团建的工作中，区级党委是

具体工作规则的制定者，区团委是执行者，党委组织部门日常工作繁忙，很难实时考虑到团工作的具体困难，团组织要及时主动跟进、协调、作为，把团建工作有机地融合到当地的党建工作中去，做到党团建一起抓、党团任务一起下、党团阵地一起建、党团教育一起搞、党团工作一起查，将团建依托党建的力量更有力度地推进下去。区团委要牢牢抓住基层党组织特别是村级两委班子换届的时机，将基层团组织换届与党组织换届的组织动员工作有机结合，配优配齐镇村级团组织班子，夯实团的基层工作堡垒。

（三）凝聚青年让职能发挥有根基

青年是共青团社会服务职能的群众基础，竭诚服务青年是共青团社会服务的第一要务，只有做好青年的服务工作，赢得了青年的选择，才能有效地组织、引导青年为党的领导、社会的稳定发展做出贡献。

首先，帮助青年成长成才。青年的成长成才承载着国家的未来、社会的发展和家庭的期盼，也是共青团服务青年、赢得青年的重要手段和目的之一。要加强教育培训，引导青年树立正确的人生观、价值观。

其次，要服务青年创业就业。积极联合政府各部门制定扶持青年创业优惠政策，引导社会各界关注和帮助青年就业创业，打造青年见习基地、青年创业孵化基地、创业导师团等为青年提供实践的机会，帮助青年提高创业就业成功率。

最后，真心关爱温暖青年。青年在成长的过程中总会遇到各种困惑和困难，共青团要竭尽全力帮助青年，做青年可信赖的贴心人，增加青年对团组织的归属感。

（四）创新文化让职能发挥有抓手

随着社会生活水平的提高和闲暇时间的增加，青年的文化消费水平、需求和层次有了很大的提高，而现代文化对青年的思想观念、价值取向和行为方式也产生着前所未有的深度和广度的影响。抓住现代文化建设的脉搏，共青团就可以有效地服务青年的需求，促进青年的成长成才，将青年凝聚在团的周围。主要可以从以下几个方面着手：

1. 文化搭建交流平台

共青团要积极为青少年的成长成才创造良好的条件和平台，找准当代青少年的兴趣点，搭建青年展现自我的舞台，提升青年参与积极向上的社会活动的热情和积极性；搭建青年交友平台，加强各行业、地区青年之间的互动和交流，拓宽青年交友的人群，组织青年联谊和大型相亲活动，帮助青年树立健康的交友观和婚恋观，有利于社会的稳定和谐；开展志愿服务活动，引导青年服务他人、奉献社会、弘扬正能量的同时，也为青年交流交友搭建了平台和桥梁。

2. 文化拉近团青距离

共青团以往的活动发布和启动都是以通知、会议的形式进行层层下达，最终能参与到活动中的往往都是平时和共青团走得比较近，或者根本就是机关、企事业单位的青年。现在，随着互联网的普及，网络平台为共青团提供了更加便捷、不受空间和时间限制、有着强大扩散力的强大动员形式，只要活动形式够新颖、内容够丰富，宣传海报再加上青年人喜欢的新鲜元素，总能吸引大量青年的参与，极大地拉近了共青团与各个领域、层面青年的关系。另外，共青团还应增加网络文化的关注度。通过网络舆情分析了解和判断青少年的喜好和关注点，在做好网络引导及检测的同时，通过网络向青年推送主流价值观方向的文化产品，实现网络文化对团员青年的联络、吸引和凝聚。

（五）健全制度让职能发挥有保障

共青团社会服务职能履行过程中遇到了一系列的问题，这些问题出现的根源有社会环境的变化、青年思想和群体的分化这些客观原因，但是，更重要的原因还是体制内的一些制度的不完善所造成的，只有建立健全相关的制度，才能保障共青团社会服务职能的有效履行。

1. 落实组织经费保障

经费是共青团开展工作和活动的支撑，但是对一个经济并不十分发达地区的基层团组织而言，经费的不足已经成为制约团的服务职能发挥的瓶颈。

2. 严格团干选拔和培养

各级团干是团组织职能履行的实施者，团干的素质直接决定了职能发挥的效果和社会、青年对整个共青团的印象和评价，所以对团干部的选拔和任用要严把质量关，使团的工作岗位真正成为有志青年施展才干的舞台。各级团委还应该按照团章的规定按期换届，并注意保持领导成员的相对稳定和及时流动，既要避免团干部的频繁流动，影响工作的延续性，又要保证团干部的正常流动，确保团干部干事创业的激情和干劲。团组织班子的配备还要注意班子成员在知识、能力和经验等方面形成互补，达到结构合理，整体优化，将乡镇企业负责人、基层公务员、大学生村官等基层先进分子充实到镇一级的团组织班子中，努力把一些有专业特长的致富能手培养成村一级的团干部。另外，要做好团干的定期培训工作，团干培训的内容也要切合实际，特别是要增加新媒体运用、青年创业辅导、青年社会管理等方面内容，切实提升团干的社会服务能力。

3. 推动组织建设的创新

组织建设上要打破思维的固化，走大团建和灵活建团之路。打破原有的严格按照行政区划来建团的局限，积极探索联合建团、区域化建团、依托建团、流动建团等各种有效的团建模式，积极跟进新组织团的建设，努力营造以依托社会组织建立的团组织为主，同时以依托青年社团、青年自组织这样的新兴组织形式为辅的格局，建立一系列青年外围组织，延伸团组织的工作手臂。不能盲目追求团建的数量，而应该张弛有度，根据青年和青年社会组织的实际分布情况来发展，找准青年的需求这个切入点，增强组织的活力，打造共青团组织的核心凝聚力。

社会治理背景下社区居委会职能转变的现状调查
——基于对《关于加强和完善城乡社区治理的意见》的解读

团队负责人：张越 　　　　　　　　　　　　指导教师：张文华
团队成员：周蓉、林月、杨婕、宁娜

一、项目目的

通过对《关于加强和完善城乡社区治理的意见》（以下简称《意见》）政策的解读和对各地区社区居委会及人员的调研，了解政策中关于社区居委会的职能界定，同时了解社区居委会人员对于政策和他们现在履行的职能的认识，以及他们对转变职能采取的措施。

二、项目内容

（一）关于社区居委会对政策解读情况的调查

政策的相关规定会影响着社区居委会的工作。因此，进行《意见》解读，对于明确社区居委会的职能十分重要。因此研究社区居委会对政策的解读情况是十分重要的。主要研究内容如下：

1. 社区居委会是否对此文件《意见》的内容进行了解读，并理清了自己的职能和性质。

2. 针对政策《意见》所提出的意见，是否制定了应对计划。

（二）在政策《意见》颁布前后，社区居委会职能差异的调查

社区居委会是社区的一个主要社会组织机构，属于城镇居民的自治组织，地位相当于农村的村民委员会，管辖对象以城市、镇非农业居民为主。社区居

委会的主要职责包括：维护居民的合法权益，管理居民的公共事务和公益事业，调节居民纠纷，协助维护社会治安，反映居民的意见、要求的建议等。但在现实情况中，社区却丧失了自治的特性，逐渐行政化。因此基于此《意见》，对社区居委会职能差异研究是必要的。

（三）基于政策《意见》对社区居委会的职能定位，对社区居委会应对计划的调查

在政策的影响下，社区居委会做出什么样的计划来应对以及了解政策颁布后社区居委会的现状是非常有价值的。此研究可以了解到政策的影响力以及社区居委会（以济南、青岛、德州、聊城、菏泽为例）的行动力。

（四）关于社区居委会职能转变中出现问题的对策调查

一个文件的颁布是为了更好地引导方向。社区居委会作为社区一个重要的自治组织，是否认清自己的定位，是否清楚自己的职能是十分重要的事情。因此在社区居委会需要政府提供资源的情况下，如何针对社区居委会在职能转变过程中出现的问题制定解决对策进行研究是非常重要的事情。

三、项目方法

（一）研究方法

1. 文献研究

通过查阅中国知网等数据库，收集有关研究文献资料，并进行借鉴和细致的梳理分析。通过文献研究，我们可以了解到之前学者们对居委会职能现状的研究情况。

2. 调查研究

（1）自填式问卷法

通过到社区中发放自填式问卷，收集资料，以达到研究目的。通过自填式问卷，我们可以收集有关居委会职能现状的数据，并对数据进行分析。

（2）访谈法

通过对社区居委会成员的访谈，收集资料，以达到研究目的。通过结构式访谈，我们可以更好地了解到居委会成员对自己职能现状的想法和建议。

四、项目结果

通过我们暑期的调研，获得如下结果：

（一）对调查问卷进行分析

1. 不同地区进行比较

从经济的角度进行比较：经济较发达的青岛和济南对《意见》解读情况较好，对自己的职能性质和基本工作有较清楚的认识，但其在工作的过程中仍然有许多不可避免的行政性工作。居委会整体职能依旧以行政化为主，其自治组织的特性逐渐隐去。经济相对欠发达的德州、聊城、菏泽对《意见》解读情况欠佳，其对职能行政和基本工作有较清楚的认识，但在其工作的过程中也有很多行政性的工作。

表1：不同地区对《意见》的解读情况

城市	济南	青岛	德州	聊城	菏泽
经济水平	发达	发达	欠发达	欠发达	欠发达
对《意见》的解读情况	较好	较好	欠佳	欠佳	欠佳
职能现状	以行政化为主	以行政化为主	以行政化为主	以行政化为主	以行政化为主

2. 同一地区进行比较

青岛市不同社区之间的比较：在所调研的青岛市社区居委会中，所调研社区都学习了《意见》文件，其对于文件的学习水平是大于践行水平的。青岛市较发达地区的社区对于文件的学习是略逊于郊区文件学习的。在社区居民会职能转变上，不论是市区内还是郊区居委会，职能转变前后差异都不大，基本上是基层工作较之前有所增加，此外都是与原先工作持平。

表2：同一地区对《意见》的解读情况

类别	对《意见》的解读情况	职能现状
城区	较好	以行政化为主
郊区	好	以行政化为主
区别	城郊无差别	城郊无差别

济南市不同社区之间的比较：济南所在的两个社区都了解过文件并且了解程度较深。而对于文件颁发后对工作内容是否有影响，两社区都表示，影响不大，还是以行政性工作为主，并且工作量大，和以前相比没有减少。

表3：济南市不同社区之间对《意见》的解读情况

类别	对《意见》的解读情况	职能现状
城区	较好	以行政化为主
郊区	好	以行政化为主
区别	与郊区区别较小	与城区区别较小

德州市不同社区之间的比较：城区的居委会成员都表示不知道该《意见》，并且表示当前主要是从事行政性工作，隶属于街道办的指导。而郊区的居委会成员都表示了解该《意见》，知道该《意见》的颁布，但工作职能并没有发生相应的变化，还是和以前一样，主要从事行政性工作，并且工作很杂。

表4：德州市不同社区之间对《意见》的解读情况

类别	对《意见》的解读情况	职能现状
城区	欠佳	以行政化为主
郊区	欠佳	以行政化为主
区别	较好于郊区	略低于城区

聊城市不同社区之间的比较：东昌府区位于市中心，其主要工作包括行政性的工作和自治性的工作，其中行政性工作为主，居委会成员大都通过集体学习了解《意见》内容，但是她们的职能并没有发生实质性的转变，仍然与《意见》颁发前的工作无异。另东阿县和聊城市（位属聊城市郊区）交界的郊区居委会，这里的工作很少，主要是做一些行政性的工作，他们中四人有一半不知道《意见》的内容，职能方面也没有发生转变。

表5：聊城市不同社区之间对《意见》的解读情况

类别	对《意见》的解读情况	职能现状
城区	欠佳	以行政化为主
郊区	欠佳	以行政化为主
区别	城郊无差别	城郊无差别

菏泽市不同社区之间的比较：菏泽的两个居委会对于《意见》都具有较少的了解，文件的下发对其职能的转变并没有影响，其目前的行政性工作仍然较多。

表 6：菏泽市不同社区之间对《意见》的解读情况

类别	对《意见》的解读情况	职能现状
城区	欠佳	以行政化为主
郊区	欠佳	以行政化为主
区别	较好于郊区	略低于城区

五、项目分析

对于项目的分析，我们从项目前、项目中、项目结束共三个方面进行分析。

（一）项目前的准备

1. 团队成员的选择：我们的团队成员秉持自愿参与和择优的原则，选取了优秀的 5 名社会工作专业的学生。

2. 团队要求的制定：我们共同商定统一的团队要求（①调研内容必须真实②社区的选择要随机③调研过程要记录）。

（二）项目调研过程

通过随机抽样的方式我们选取了济南、青岛、德州、聊城、菏泽五个城市。在调研的过程中我们运用偶遇抽样的方法随机选取社区，并通过问卷调查和访谈的方式进行调研。对于不同的地区，我们选择了两个社区，一个社区是位于市中区，另一个社区位于郊区，以达到更加全面性的调研结果。

（三）项目结束后资料整理过程与调研报告的书写

我们的团队成员在开学之际就集合起来对调研资料进行了分析，并得出相应的结论和建议。

表 7：项目资料整理过程

序号	时间	内容	负责人
1	2017 年 6 月下旬	选定题目：在社会治理背景下社区居委会职能转变的现状调查——基于对《关于加强和完善城乡社区治理的意见》的解读》	张越

续 表

序号	时间	内容	负责人
2	2017 年 7 月上旬	进行政策解读以及文献研究，整理文献综述结果	张越 杨婕 周蓉 林月 宁娜
3	2017 年 7 月中旬至 2017 年 9 月上旬	分别对济南、青岛、德州、聊城、菏泽进行调研	济南：张越，宁娜 青岛：杨婕 德州：林月 聊城：周蓉 菏泽：张越，宁娜
4	2017 年 9 月	对收集的资料进行整理分析，并形成调查报告	张越，杨婕，宁娜，周蓉，林月

六、结论与建议

（一）结论

1. 经过此次居委会职能的调查，我们发现虽然政府颁发了文件，但不同地区的社区对文件的熟悉程度不同，而且发现居委会的职能并未因文件改变，还是以行政性工作为主且工作量大，无法专心专意为居民服务。

2. 从经济发展的角度来看，青岛地区与济南地区对于该文件的了解程度高于菏泽等经济欠发达地区。从城郊的角度来看，相差不大。

3. 在调查时发现部分社区的居委会（如菏泽的一个社区）地位处境较尴尬，在一些行政性行动方面，居委会与各个部门之间缺少沟通。

4. 此次暑期社会实践活动不仅锻炼了我们的能力，而且也留给了我们一个重要的问题，就是如何将理论运用到实践中。

5. 在调查中，我们也发现有些是课堂上无法体验的，而在实践中却可以体验到，比如说如何说服别人来配合你，还有事前需要做好什么准备等等。我们不光要学理论，还要去实践，只有将理论无缝地与实践相结合，才能更好地提升我们的专业能力。

（二）建议

1. 政府应加强社区居委会的人才队伍建设，提高居委会成员的整体素质。

2. 政府应引导社区居委会转换角色，改变其职能现状。

3. 政府应为居委会提供专项资金，确保社区居委会拥有一定的财权，以维持居委会进行社区建设，更好地为居民提供服务。

4. 政府应该颁发有关居委会职能界定的具体文件，这样更加有利于居委会对其职能性质的认识。

5. 居委会应注重培养社区居民的参与意识，居民的参与对于社区治理和建设有重要意义。

6. 政府各部门之间要加强沟通，部门之间的交流更加有利于事情的开展。

7. 我们团队成员应该加强问卷分析能力和数据处理能力。

8. 希望学校可以多提供类似平台，并倡导学生积极参加社会实践活动，在实践中提升自我能力和素质，从而更好地发展。

附录：

居委会职能现状调查

亲爱的朋友：

您好！我们是山东青年政治学院社会工作专业的学生，为完成调查项目，对居委会职能现状进行了解，特展开此调查。本问卷不用填写住址和姓名，选项亦无对错之分，您只需根据自己的真实情况填写即可。本问卷大约会占您10分钟左右的时间，给您带来不便请见谅。最后，对您的合作表示感谢，祝您工作愉快，身体健康！

责任人：山东青年政治学院政治与公共管理学院　张越

联系电话：17865319278　　E-mail：657492638@qq.com

说明：选择题在选定的题号上打"√"号，填空题将结果填在题后的_____内

1. 性别：①男　　②女
2. 年龄：①18—25 岁　②26—35 岁　③36—50 岁　④50 岁以上
3. 您在居委会主要负责哪些工作？

_____

_____

4. 您是否了解2017 年 6 月 13 日国务院下发的《关于加强和完善城乡社区治理的意见》（以下简称《意见》）的文件？

①是　②否（如果选择 ① 请填写5，6，7，8，9，10，11，12题，如果选择 ② 请停止填写）

5. 您是通过什么途径了解的？

①个人网上学习　②单位集体组织　③听他人说起　④其他：_____

6. 您了解的程度是？

①熟悉　　②较了解　　③一般　　④了解较少　　⑤不了解

7. 在颁布《意见》文件之后，请问您行政性的工作是否有变化？

①是（如果选择①，则需填写第8题）②否（如果选择②，则不需填写第8题）

8. 请问有什么样的变化？

_____

_____

9. 颁布的《意见》文件，请问对您的工作内容有所影响吗？

①是（如果选择①，则需填写第 10 题）　②否（如果选择②，则不需填写第 10 题）

10. 请问有什么样的影响？

_____

_____

11. 在颁布《意见》文件之后，请问您所在居委会工作职能的发展趋势是什么？

_____

_____

12. 在工作上，您希望政府此类文件可以给您带来什么帮助？

_____

_____